TED TALKS

The Official TED Guide to Public Speaking

演讲的力量

如何让公众表达变成影响力

[美] 克里斯·安德森 著
(Chris Anderson)
蒋贤萍 译

中信出版集团 · CHINACITICPRESS · 北京

图书在版编目（CIP）数据

演讲的力量 /（美）安德森著；蒋贤萍译 . -- 北京：中信出版社，2016.8（2025.11重印）

书名原文：TED Talks: The Official TED Guide to Public Speaking

ISBN 978-7-5086-6205-3

Ⅰ . ①演… Ⅱ . ①安… ②蒋… Ⅲ . ①商业管理－演讲－语言艺术 Ⅳ . ① F715 ② H019

中国版本图书馆 CIP 数据核字（2016）第 093701 号

演讲的力量

著　　者：[美] 克里斯·安德森
译　　者：蒋贤萍
翻译统筹：曹　进
策划推广：中信出版社（China CITIC Press）
出版发行：中信出版集团股份有限公司
（北京市朝阳区东三环北路 27 号嘉铭中心　邮编　100020）
（CITIC Publishing Group）
承 印 者：北京通州皇家印刷厂
开　　本：880mm × 1230mm　1/32　　印　　张：10.5　　字　　数：165 千字
版　　次：2016 年 8 月第 1 版　　印　　次：2025 年 11月第 64 次印刷
京权图字：01-2016-3286
书　　号：ISBN 978-7-5086-6205-3
定　　价：48.00 元

受佐伊·安德森（1986—2010）之启迪

生命转瞬即逝，

唯有思想、灵感与爱永存。

目录 | TED TALKS

第三部分 准备过程

第四部分 舞台呈现

第五部分 反思

推荐序 | TED TALKS

终于等来一本真的演讲书

人们常说，酒逢知己千杯少。

找到合适的沟通对象不容易。我说什么你听得懂，你说什么我听得懂……这太幸福了，因为平时遇到的人大多并不是如此的，大家各自都不在一个频道上，别说分歧了，处理误解就要耗费大量精力。好不容易遇到一个看起来在同一个频道上的人，再一高兴，喝点酒，两个人的频道分辨多少有些失灵，至少没那么精确，于是更开心了，我说什么都当你能听得懂，你说什么也都当我能听得懂——已经顾不上对方是否真的听得懂了……所以，一杯不够，十杯还是不够，就让频道分辨模糊来得更猛烈一些吧！一千杯算什么?!

这就是绝大多数人所谓的有效沟通。

真正的有效沟通指的究竟是什么？经常觉得自己愚笨，因为有效沟通的真正准确定义，等我琢磨清楚之后，已经 43 岁了——2015 年年底的某一个深夜。

有效沟通是指一方能让另一方轻松弄明白他原来并不明白的东西。也就是说，双方互相说的和听的，若原本就是各自都了解的东西，那真的谈不上是有效沟通，那只不过是基本交流。双方各自拿出自己懂的，对方也懂的东西，各自展示，又由于自己懂的对方也懂，对方懂的自己也懂，然后就很开心，因为即便是基本交流能够成功达成已经是小概率事件了，所以恨不得喝酒庆祝。

如果你有本事通过语言文字，让对方能理解他原本不懂的东西，那才算厉害，因为这才算是完成有效沟通。这也是在众多的语言修辞方式中，我个人特别偏爱类比的根本原因。类比的使用机理是这样的：

为了让对方明白他现在不明白的 X，找一个他原本就熟悉的 A；然后告诉他在某方面来看，X 就约等于 A；再把 A 与 X 相像的地方讲清楚；最后 X 的那一方面就不言自明了……往往，在告诉对方 X 在哪方面很像 A 的那一瞬间，由于 A 确实是对方真正了解的东西，于是对方一下子就反应过来了，啊，原来是这样的啊！

好的类比，精准的类比，本质作用就是在已知与未知的鸿沟之上搭建一座虚拟的桥，帮助思考完成穿越。很多时候，类比甚至可能是唯一完成搭桥的方式。

很多人没有专门研究而已，可一旦提醒，就会回想过来：绝大多数被评价为沟通能力强的人，都特别擅长使用类比。

这本书的正文中，“类比”这个词前后出现过 26 次——尽管并没有一个专门的类比专题。这算作我这个写序者为读者提供的一个暗门吧：在认真阅读的过程中，每次遇到“类比”这个词，就用记号笔标记下来，最后数一数，若是 26 个还好，若是不到 26 个，就说明你阅读不仔细。

了解了有效沟通的精确定义之后，我们就自然而然地知道自己在有效沟通方面做得多差——常常是一整天下来，几乎没有发生过任何真正的有效沟通。

还有很多人以放弃有效沟通为荣，他们是这么说的：“听得懂的自然听得懂，听不懂的你费劲说也没用……”听着有道理吗？也许吧，只是也许。

反正有另外一群人不是这么生活的 —— TED 上的每一个讲者讨论的都是令人兴奋的话题，他们都是榜样，他们以有效沟通为荣。

顺着有效沟通的定义继续思考下去，就会发现演讲与写作的核心就在于有效沟通，并且是高效沟通。为什么呢？

若是一个演讲、一篇文章并没有让你了解一些你过去不了解的东西，并没有让你学会一些你过去不知道的东西，你不会爽的，你也不会觉得那有什么可兴奋的，因为花了时间的你，之前与之后并没有任何变化……进而你会觉得自己的时间被浪费掉了——免费都没用，因为就算没花钱，却花费了更宝贵的不可再生资源，时间，浪费了生命啊！

所以，好的演讲，好的文章，必然是因为完成了有效沟通才算好的。进而演讲与写作都是高效沟通，为什么呢？因为它是一对多的——甚至是一对无限多的。你看，在这一点上，写作可能比演讲更为高效，当然，演讲可能总是更有感染力。

仅仅通过对“有效沟通”“高效沟通”的准确定义，你就能理解为什么绝大多数关于演讲、写作的书籍没用了——它们都打错靶子了，并不是它们没有准星，它们中的一些不仅有，校准功课也做得不错，只可惜瞄错了靶子。

TED 的创始人克里斯·安德森，不仅打造了一个伟大的平台，也在过去的十五六年里目睹了无数优秀演讲者的神奇表现。他给出的四条基本建议是这样的：

1. 聚焦于一个主意。（Focus on one major idea.）

2. 给听众关注的理由。（Give your listeners reasons to care.）

3. 用听众熟悉的概念表述你的主意。（Build your idea with familiar concepts.）

4. 让你的主意值得分享。（Make your idea worth sharing.）

在书的开头，克里斯•安德森分享了一个自己 2001 年的经历：

> ……那一刻我非常紧张，担心上台后会显得笨拙不堪，我甚至无法站着演讲。于是，我从后台搬了一把椅子，坐下之后才开始讲话。

你看，谁都有演讲恐惧症。读者可以再去看看15年后克里斯·安德森的表现，http://t.cn/RqCfK7e，肯定会有所感悟。克里斯·安德森说：

> 我们相信自己也可以成为优秀的演讲者。你的目标并不是成为温斯顿·丘吉尔或者纳尔逊·曼德拉，而是成为你自己。如果你是科学家，那就做科学家，而不要试图成为活动家。如果你是艺术家，那就做艺术家，不要试图成为学者。如果你只是一个普通人，不要试图模仿大学者的风范，只要做你自己就好。你的演讲不一定非要激情四射，非要赢得观众雷鸣般的喝彩，对话式的分享同样会有效果。实际上，对大部分观众来说，对话的方式会更好。如果你知道如何在饭桌上对着一群朋友讲话，那么你就知道如何发表公共演讲。

尤其喜欢这句："如果你知道如何在饭桌上对着一群朋友讲话，那么你就知道如何发表公共演讲。"是啊，讲演其实真的不难，其实也是每个人都必须学会的基本技能。

学会有效沟通，做自己，分享有意义的思想。人生就应该这样，也就应该这么简单。

另外，这本书已经被定为新生大学的社群成员必读书籍——因为真正的有效沟通其实应该是任何一个经历过通识教育的人都必须掌握的基本技能。

李笑来

微信公共账号：xinshengdaxue

2016 年 6 月 4 日，于北京

序言 | TED TALKS

点燃思想

场内灯光昏暗，一位女士走上舞台。她的手心湿润，两腿微微发颤。聚光灯照在她的脸上，1 200 双眼睛注视着她。观众能够感觉到她的不安，场内显然气氛紧张。她清清喉咙，开始讲话。

接着发生的一切却令人震撼。

1 200 个人颅腔内的 1 200 个大脑发生了不可思议的反应，它们开始同步运行。这位女士仿佛有一种神奇的魔法，所有观众都被其征服。他们一起惊叹、一起大笑、一起流泪。与此同时，这位女士头脑中神经编码的丰富信息在不经意间被复制并传递到 1 200 位观众的头脑中，这些信息将永远保留在观众的脑海之中，并很可能影响他们的未来。

在舞台上，这位女士在创造奇迹。她使用的技巧并非巫术，却具有与巫术同样的魔力。

蚂蚁通过交换化学物质来影响彼此的行为，而我们人类采用的是不同的方式：我们面面相对，看着彼此的眼睛，挥动双手，口中发出奇怪的声音。人与人之间的交流是世界上真正的奇迹，我们每天都在无意识当中创造着这样的奇迹。而只有在公共舞台上，这样的奇迹才能获得极致的展现。

这本书的写作目的在于教你如何创造公共演讲的奇迹，使你在舞台上获得成功。在此之前，首先需要强调一点：成功演讲没有一种固定的模式，因为知识的海洋浩瀚无边，而演讲者和观众来自完全不同的领域。使用任何一种简单的模式都有可能适得其反，观众很快便会识破真相，进而产生受愚弄的感觉。

实际上，即使在某时某刻确有某种成功的模式，这种模式也不会持续太久，因为伟大演讲的魅力就在于其新颖的呈现。我们是人类，不喜欢陈词滥调。假如你的演讲与别人的演讲并无二致，那么你的演讲影响力必然大打折扣。我们最不愿意看到的就是所有的演讲听上去都一样，或者所有人听上去都是在模仿。

因此，千万不要把这本书中的建议奉为演讲的处方，而要将它们视为激发你创造力的工具，只要采用那些既适合你也适合你的演讲场合的建议即可。演讲的唯一目的是分享有价值的思想，而且要用你独特的方式真诚地分享。

你会发现它比你想象的更加自然。公共演讲是一种古老的艺术，深深植根于我们的内心。考古学研究发现了远古时代人们的聚会场所，我们的祖先曾经围着篝火聚集在一起。随着语言的发展，地球上不同文化的人们都在分享他们的故事、希望和梦想。

请想象这样一幅场景：夜幕降临，美丽的星空下篝火闪耀，燃烧的木柴噼啪作响，一位老者起身站立，所有的目光都投向他，看他饱经风霜的面容在舞动的火光下熠熠生辉，于是，故事拉开序幕。随着老者的讲述，每一位观众渐渐融入故事情节，感受着故事中人物的喜怒哀乐。这是一个奇妙的旅程，不同的心灵凝聚成一个共同的意识。在一段时间内，所有篝火会成员行动一致，就像一个独立的生命个体，他们一起起身，一起跳舞，一起歌唱。从这一共同背景出发，他们即可迈开共同行动的步伐，或开启一段旅程，或投入一场战斗，或建造一座居所，或举行一场庆典。

当今时代依然如此。对领袖或倡导者而言，公共演讲至关重要，它可以寻求共鸣，激发热情，还可以分享知识与见解，带动大家追逐共同的梦想。

毫无疑问，口头语言已获得全新的力量，我们的篝火现在就是整个世界。由于互联网的存在，一个会场的一次演讲能够被千千万万的人所观看。正如印刷技术大大增强了作家的力量，网络技术同样正在扩大演讲者的影响力。不论何时何地，只要有网络，我们就能把世界上最优秀的老师请到家中（在未来 10

年之内，全球每个村庄都有望连接网络），直接向他们学习。突然之间，一种古老的艺术将其触角伸向了世界的每一个角落。

在公共演讲领域，网络革命已经引发一场复兴运动。我们许多人都曾经感受过乏味的大学课堂，听过冗长的教堂布道，也曾经听过毫无新意的政治演说。其实，这一切原本可以不是这样。

成功的演讲能够激发全场观众的热情，改变他们对世界的认识，这比任何一种书写的文字都更有力量。书写赋予我们的仅仅是文字，而演讲赋予我们的是新的方法与技巧。当我们凝视演讲者的眼睛，聆听他的声音，感受他的真诚、他的智慧以及他的激情时，一些无意识的技巧正在起作用。这些技巧经过漫长岁月的洗礼，早已变得精细而微妙，能够激励我们，给予我们力量与启迪。

除此之外，我们还可以强化这些技巧，这对古代人而言是完全无法想象的。我们能展示高清图片，能利用视频和音乐，还能利用研究工具，而每一个有智能手机的人都可以利用这些研究工具获取整个人类的知识体系。

令人欣慰的是，这些技巧可以传授。这就意味着存在一种新的超力量，无论男女老幼都可从中获益，它叫作“展示”。在我们生活的这个时代，留名史册的最好方式或许不再是著书立说，而是起身发表演讲……因为文字及其相伴而生的激情，能以难以想象的速度传遍世界每一个角落。

在 21 世纪，每一所学校都应该教授展示的技艺。的确，在书籍时代之前，展示技艺占据着教育中的绝对核心地位，[①] 那时它有一个古老的名字：修辞学。在今天的互联网时代，我们要让这一崇高的艺术重新获得生命。

"修辞学"一词的核心含义是"有效讲话的艺术"。其实，这就是本书的宗旨：重振修辞学，为新世纪展示技艺的传播奠定良好的基础。

我们在过去几年里举办的 TED 活动过程中获得的经验，应该对你有所启发与帮助。TED 始于一次年会，那次大会将科技（technology）、娱乐（entertainment）和设计（design）领域的人士汇聚一堂（TED 也因此得名）。然而，随着近年来的不断扩展，TED 几乎覆盖了所有公共关注的领域。TED 演讲者通过简短而有力的演讲，使他们的思想触及其他领域的人们。让我们感到高兴的是，这种公共演讲形式已经走红网络，仅 2015 年，TED 演讲视频的点击量就超过了 10 亿次，可见其影响之深远。

我和我的同事们与许多优秀的演讲者都有过合作，我们帮他们润色演讲稿，并指导他们如何演讲。他们彻底改变了我们对这个世界的认识。在过去 10 年当中，我们也会私下讨论这些演讲者是如何做到这一切的。在场内，我们折服于他们的魅力，

① 教育当中的其他重要学科包括逻辑学、语法、算术、几何、天文和音乐。

被他们的现场表现激发出热情，从中获得教益、受到启发。我们也有幸能当面向他们请教如何准备并发表精彩的演讲。由于他们的聪明才华，我们在短短几分钟之内就能捕捉到他们智慧的精华。

如此看来，这本书可谓集体智慧的结晶，是那些演讲者以及我优秀的同事们跟我共同努力的结果，尤其是凯莉·施特策尔、布鲁诺·吉萨尼和汤姆·里利，他们与我一道组织重要的TED 演讲大会。在过去的几年当中，他们发挥着重要作用，不断完善 TED 演讲的方式与形式，使精彩的演讲呈现在我们的舞台上。

我们也得益于许多自发组织的 TEDx[①] 演讲的集体智慧，其内容常常带给我们惊喜与快乐，使我们对公共演讲的潜力有了进一步的认识。

TED 的使命就是传播伟大的思想，我们并不在乎传播的形式是 TED、TEDx 还是任何其他公共演讲。当得知还有其他同人也决定举办类似 TED 的演说时，我们非常高兴。最终，思想不会被占有，而是拥有独立的生命。今天，我们很高兴看到公共演讲艺术的复兴，无论它在何地发生，无论何人为之。

因此，撰写这本书的初衷，并不只是讲解如何发表 TED 演讲，而是较之深刻得多。它旨在支持任何形式的公共演讲，不

① TEDx，即当地组织者申请免费许可，在当地举办类似 TED 的演讲活动，大约有八九个这样的活动每天在世界上的某个地方举行。

论是阐释性的还是启发性的，不论是知识性的还是说服性的，也不论是商务领域、教育领域还是在公共舞台上。是的，书中许多例子都来自 TED 演讲，但这并不仅仅因为那是我们熟悉的例子。近年来，TED 演讲激发了许多人的热情，我们认为这些演讲具备某些特质，可以推广到广泛的公共演讲领域，它们所遵循的一些重要原则有助于展示技艺的养成。

在这里，你不会找到诸如婚礼致辞、公司宣讲或大学授课方面的具体方法，但你会找到一些适用的建议或见解。当然，它们适用于任何形式的公共演讲。除此之外，我们希望你能从不同的视角重新认识公共演讲，从中获得力量与启迪。

古老的篝火已经孕育出新的火种，在心与心之间传播，在屏与屏之间传播。点燃思想的时代已经来临。

这很重要。在人类社会的发展进程中，每个有意义的瞬间都是因为人类有着共同的思想，并合力将这些思想变成现实。从人类祖先首次协力打败猛犸象，到阿姆斯特朗首次登上月球，我们已经将语言转化成伟大的成就。

今天，我们比任何时候都更需要这样的思想。有些思想能帮助我们解决棘手的问题，但这些思想常常隐而不现，只是因为拥有这些思想的人缺乏自信，或不知如何分享他们的思想，这的确是个悲剧。一种思想，如果通过适当的展示就能迅速传播到整个世界，并在无数人内心不断复制，那么找到展示思想的最佳方式就具有深远的意义，不仅对未来的演说家如此，而且对想要聆听演说的人也是如此。

你们准备好了吗?

让我们一起点燃思想的火种!

克里斯 · 安德森

2015 年秋

TED TALKS

第一部分　演讲基础

第一章
展示技艺：培养必要的技巧

你很紧张，对吗？

走上公共舞台，成百上千双眼睛盯着你，这是一件可怕的事情。你会因为不得不在公司例会上起身陈述你的项目书而感到害怕。如果紧张得讲话结结巴巴，那该怎么办？如果全然忘记自己要说的话该怎么办？或许你会感觉很丢脸，或许你的工作会受影响，或许你的想法会永远被埋没。

这样的念头让你彻夜难眠。

但你是否知道，几乎每个人都曾有过对公共演讲的恐惧。的确如此。2012 年对 815 名大学生的调查研究表明，公共演讲是他们最大的恐惧，超过对蛇、深水甚至死亡的恐惧。

怎么会这样呢？麦克风背后不会藏着大狼蛛，你不会从舞台上掉下来摔死，观众也不会武力攻击你，那你为什么还会害怕呢？

这是因为公共演讲存在许多风险——除了当时的体验，还关乎我们长期的声誉。其他人如何看待我们显得非常重要。我们是社会动物，渴望彼此的爱护、尊重与支持，我们未来的幸福在很大程度上都取决于这些现实。并且我们认为，发生在公共舞台上的一切一定会影响这些社会关系，能使之更好或者更坏。

但是，如果具备正确的心态，你会将恐惧转化成宝贵的财富，促使你充分准备演讲。

当莫妮卡·莱温斯基来到TED演讲时，她就是这样做的。对她而言，这次演讲至关重要。早在17年前，她经历了最屈辱的公共露面，当时的经历让她痛彻心扉，几乎到了崩溃的边缘。而今她试图回归，走上一个更大的舞台，重新讲述她的故事。

但她不是一个经验丰富的演讲者，她也知道如果这次失败，那将是毁灭性的灾难。她对我说：

> 用“紧张”一词来形容我的感受还远远不够，那更像是……浑身颤抖，极度恐惧，万般焦虑。我想，如果那天早上我能控制我的紧张情绪，能源危机问题可能早就解决了。我不仅要走上舞台，面对一群令人尊敬的人，而且演讲将被录像，很可能会在更大的平台上广为传播。我时时感到由于多年来的公共羞辱而挥之不去的创伤，站在TED舞台上深感不安。那就是我与之抗争的内心体验。

不过，莱温斯基找到了缓解恐惧的方式。她使用了一些奇妙的技巧，我会在第十五章进行讲解。总之，那些技巧非常有效。她的演讲获得了观众长时间的起立鼓掌，在短短几天的时间内就获得了 100 万的点击观看，并且受到热烈的网络评论，甚至资深评论家、女性题材作家埃丽卡·容向她公开道歉。

我聪慧的妻子杰奎琳·诺沃格拉茨也曾经受到公共演讲恐惧的困扰。在小学、中学、大学，甚至在她 20 多岁的时候，一想到麦克风以及注视她的目光，她就会感到害怕、虚弱。但她知道，要想推进她的扶贫工作，她必须说服别人。因此，她开始强迫自己演讲。如今，她每年都要做很多演讲，常常会赢得长时间热烈的掌声。

的确，在你目力所及的地方，都会有一些人害怕公共演讲，但最后都能找到一种克服恐惧的方式，其中包括埃莉诺·罗斯福、沃伦·巴菲特以及黛安娜王妃。黛安娜王妃是公认的“害羞的戴”（Shy Di），她曾一度痛恨演说，但最终找到了她自己独特而富有亲和力的讲话方式，并且获得世人的爱戴。

如果你的演说得当，会产生令人惊异的效果。我们就以企业家埃隆·马斯克在 2008 年 8 月 2 日给美国太空探索技术公司（SpaceX）员工所做的演讲为例。

众所周知，马斯克并不是一个擅长演讲的人，但是，那天他所说的话使公司的命运发生了历史性的转折。公司此前已经历两次火箭发射失败，那天即将进行第三次发射。大家都知道，如果这次再失败，公司不得不关门歇业。“猎鹰”号火箭离开发射台升空，但就在火箭第一阶段分离时出现故障，飞行器爆炸。正如公司人才招聘经理多莉 · 辛格所描述的，350 多名员工聚在一起，心情异常沉重。马斯克起身开始讲话。他说，他们心里一直都明白，自己所从事的工作必将困难重重，但无论如何，那天他们已经有了一定的进展，而这样的进展是很少有别的国家能够做到的，更别说其他公司了。他们已经成功实现第一阶段的发射，将宇宙飞船送入外层空间。现在要做的就是振作精神，重新投入工作。以下是辛格对其演讲高潮部分的描述：

> 连续 20 小时未合眼之后，埃隆积聚所有的坚韧与力量说道：“就我而言，我不会放弃，永远都不会。”我想我们大多数人都会鼓足勇气随他走进地狱之门。那是我所见过的印象最深刻的一次领导力的展现，在短短几分钟的时间内，所有人的情绪由绝望、沮丧转为十足的信心与决心，我们选择勇往直前，而不是畏惧退缩。

这就是演讲的力量。或许你不是公司领导，但演讲会开启新的大门，会扭转职业生涯。

TED 演讲者们与我们分享了他们演讲之后发生的令人高兴的事情。是的，有时他们会收到一些图书出版或视频节目邀约，还会有更高的演讲费以及意想不到的经济支持，但最感人的是那些能使思想获得提升、使生活发生改变的故事。埃米 · 卡迪

（Amy Cuddy）的演讲非常精彩，其主题是肢体语言如何提升自信。之后，她收到从世界各地发来的 15 000 多条信息，感谢她的智慧让他们受益良多。

年轻的马拉维发明家威廉 · 坎宽巴（William Kamkwamba）的演讲颇有启迪意义，讲的是他 14 岁时在村里制造风车的故事，后续引发了一系列故事，最终他被达特茅斯学院工程专业录取。

那天，TED 或许已然消失

这是一个我亲身经历的故事。2001 年末，当我接手 TED 的时候，正值我苦苦经营了 15 年的公司濒临倒闭，我害怕再一次遭遇沉重的打击。此前，我一直在努力说服 TED 团队支持我的 TED 愿景，但又害怕失败。那时，TED 是在加利福尼亚召开的一年一度的大会，其所有者与主办人是魅力十足的建筑师理查德 · 索尔 · 沃尔曼。他的影响力非比寻常，渗透进大会的方方面面。每年大约有 800 人参加，大部分人都认为，一旦沃尔曼离开，TED 将无法生存。2002 年 2 月的 TED 大会是他领导下的最后一次，同时我有一次机会，而且仅有一次，告诉 TED 与会者 TED 大会将继续举办。我之前从未组织过大会，尽管在几个月的时间里我尽了最大的努力去宣传下一年的大会，但只有 70 人报名参加。

那次大会的最后一天早晨，我有 15 分钟的发言时间。你要知道，我生来不善言辞，讲话时会不停地说“嗯”“你知道”等。我会在讲话时突然语塞，试图找到合适的词语。我讲话过于严肃认真，缺乏力量又抽象难懂，我奇怪的英式幽默并非总是能引起共鸣。

那一刻我非常紧张，担心上台后会显得笨拙不堪，我甚至无法站着演讲。于是，我从后台搬了一把椅子，坐下之后才开始讲话。

现在，每当回想起那次讲话，我依然感觉恐惧。今天重新审视那次讲话，我想有太多的地方需要改进，我当时穿的那件皱皱巴巴的白色 T 恤就是其一。不过，我对讲话内容做过精心准备，我知道观众当中至少还有一些人希望 TED 继续办下去，我只要给他们一个振作精神的理由，或许他们会帮我扭转局势。当时由于互联网泡沫破灭，观众中有许多人已遭受跟我同样的商业损失，或许我可以因此与他们建立联系，拉近彼此之间的距离。

我的讲话是发自肺腑的，带着足够的诚意与坚定的信念。我告诉他们自己刚刚遭受了巨大的商业破产，认为自己是一个彻底的失败者。我的精神之所以没有崩溃，唯一的方式就是让自己沉浸在思想的世界里。TED 就是我的世界——这是一个独特的地方，来自不同学科领域的思想在这里获得分享，我将尽我所能去呵护思想的崇高价值。无论如何，大会为我们带来了深刻的启迪与宝贵的知识，我们绝不能就此让它消失……难道不是吗？

还好，我用一则其真实性无法考据的关于法国戴高乐夫人的趣闻逸事缓解了紧张的气氛：在一次外交宴会上，她因表达了对阳物的欲望而震惊四座。我说，在英国我们也有同样的欲望，只是我们称其为“快乐”，而 TED 确已带给我真正的快乐。

让我意想不到的是，在发言结束时，坐在观众席上的亚马逊创始人杰夫·贝佐斯起身鼓掌，全场观众也跟他一起起身。在短短几秒钟的时间内，似乎 TED 大家庭集体做出决定，他们会支持 TED 书写新的篇章。在随后 60 分钟的休息时间，大约 200 人承诺将会参加下一年的大会，保证了它的成功举办。

假如那 15 分钟的演讲失败，TED 早在演讲上传至网络四年前就已经夭折，你也不会读到这本书了。

尽管那次演讲显得有点笨拙，但非常有效，在下一章我会分享其中的原因，那是一种适用于任何演讲的智慧。

不管今天你对自己当众发言的信心有多么不足，你总能做一些事情使之获得改善。公共演讲的能力并不是少数幸运儿与生俱来的禀赋，它包括各个方面的技巧。演讲有许许多多种方式，我们每个人都可以找到一种适合自己的方式，并学习一些必要的技巧，从而成功发表演讲。

狮心男孩

几年前，我和 TED 内容总监凯莉 · 施特策尔一起去世界各地寻找演讲人才。在肯尼亚首都内罗毕，我们遇到了理查德 · 图雷雷，一个 12 岁的马赛男孩，他有一项惊人的发明。他家养牛，而最大的挑战是在夜间保护牛群免受狮子的攻击。理查德注意到，固定的篝火对狮子没有震慑力，但如果挥动火把四处走动，会非常有效。显然，狮子害怕移动的灯火！通过摆弄从父母收音机上拆下的部件，理查德自学了电子知识。他利用这一知识设计了一个灯光系统，可以连续开关，制造出运动感。那个灯光系统是由废旧的太阳能电池板、车用蓄电池和摩托车指示器制成的。他在上面安装了灯——啪！——狮子不再攻击牛群了。他发明这一装置的消息迅速传播，其他村民也想采用这种方法。他们不再像以前那样试图猎杀狮子，而是安装了理查德的“狮灯”。村民和那些狮子保护者们都很满意。

那是一项伟大的成就，但起初，理查德看上去似乎不可能走上 TED 的舞台。他怯懦地躲在房间的角落里，显得非常腼腆。他用不太流利的英语，吃力地讲述他的发明。很难想象他能站在加利福尼亚的舞台上，像谢尔盖 · 布林和比尔 · 盖茨一样，面对 1 400 位观众。

然而，理查德的故事非常有趣，我们无论如何都要邀请他来 TED 做演讲。在大会之前的几个月里，我们和他一起设计故事的结构——从哪里入手？如何自然地展开叙述？因为这一发明，理查德获得了肯尼亚最好的几所学校的奖学金。在那里，他有机会面对现场观众反复练习演讲。这增强了他的自信心，从而使他的个性散发光芒。

那是他有生以来第一次坐飞机，飞到加利福尼亚的长滩。走上 TED 舞台时，他显得非常紧张，但那会让他更加投入。当理查德发表演讲时，观众仔细聆听他说的每一个字句，而他的每一次微笑都会融化观众的心。当他结束演讲时，人们起身欢呼。

理查德的故事能鼓励所有人，让我们相信自己也可以成为优秀的演讲者。你的目标并不是成为温斯顿 · 丘吉尔或者纳尔逊 · 曼德拉，而是成为你自己。如果你是科学家，那就做科学家，而不要试图成为活动家。如果你是艺术家，那就做艺术家，不要试图成为学者。如果你只是一个普通人，不要试图模仿大学者的风范，只要做你自己就好。你的演讲不一定非要激情四射，非要赢得观众雷鸣般的喝彩，对话式的分享同样会有效果。实际上，对大部分观众来说，对话的方式会更好。如果你知道如何在饭桌上对着一群朋友讲话，那么你就知道如何发表公共演讲。

技术为我们开启了新的选择。在我们生活的时代，想要产生巨大的影响力，你不必直接面对千千万万的观众讲话，你只要对着摄像机亲切自然地讲话即可，其他的事情网络会替你完成。

展示技艺并非只是少数人的专利，而是21世纪的一项重要技能，可以很好地用于分享你的故事以及你所关心的事物。如果你能学会这门技艺，你的自信就会不断增强，你会惊讶于它带给你的成功，不论你选择怎样定义它。

如果你愿意做真实的自己，相信你就能掌握植根于我们内心深处的古老的艺术，只要鼓起勇气大胆尝试。

第二章

思想植入：伟大演讲的馈赠

2015 年 3 月，一位名叫索菲 · 斯科特（Sophie Scott）的科学家走上 TED 舞台，在短短两分钟的时间内，令全场观众大笑不止。索菲是世界著名的笑声研究专家，她播放了人们的笑声音频剪辑，来展示笑声是一个多么奇怪的现象——正如她所说，“更像是动物的叫声，而不是人类的语言”。

她 17 分钟的演讲充满欢乐。演讲结束时，所有人都沉浸在温暖欢快的气氛中。同时，我们对笑声的认识发生了根本的改变。索菲认为，笑声的目的是将社交压力转化为愉快的结盟，而这一核心思想在她的演讲过程中已经不知不觉进入了我们的脑海。现在，每当我看见大笑的人们，都会用新的目光去审视这一现象。是的，看到别人大笑，我感到高兴，甚至想要跟他们一起笑，但我还看到了其中蕴藏的社会性纽带，看到其背后是一种古老而奇妙的生物属性在起作用，而这一属性让一切显得更为奇妙。

索菲给了我一份礼物，这不仅仅是聆听她演讲时获得的快乐，她还给了我一种思想，这种思想将永远成为我生命的一部分。[①]

索菲的礼物是一个美丽的隐喻，实际上所有的演讲都是一份礼物。作为演讲者，最崇高的使命就是把对自己来说非常重要的东西植入听众的内心。我们称之为思想，即一种精神建构，听众能坚守它、传播它、珍视它，在某种意义上还能被其改变。

这也是我曾经历的那场可怕演讲最终会有效的重要原因。正如之前所说，我当时有 15 分钟的时间去说服观众，让他们支持我接管后的 TED。那次演讲有许多不妥之处，但在一个关键方面非常成功：在观众内心植入了一个思想。这个思想就是，TED 的独特之处不仅仅在于它的创始人（我从他手中接过 TED），还在于来自各个领域的人们能聚集在一起，并互相理解。这种跨学科的交流对整个世界意义非凡。因此，演讲大会应该是非营利性组织，服务于公益事业，它的未来是为了我们所有人的利益。

这一思想改变了观众对 TED 更换领导人的想法，创始人的离开不再显得那么重要，重要的是，一种分享知识的特殊方式应该予以保留。

---

① 当然，索菲的思想或许会被将来的研究所提升或驳倒。在这个意义上，思想是暂时的。然而，思想一旦在我们内心形成，就没有人能将它掠走，除非征得我们同意。

从思想开始

这本书的核心主题是，任何一个人，只要拥有值得分享的思想，就能发表精彩的演讲。在公共演讲中，唯一真正重要的东西不是自信，不是舞台展示，也不是流利的语言，而是有价值的思想。

在这里，我所说的“思想”一词意义广泛，不一定是伟大的科学发现、巧妙的发明或复杂的理论，或许只是一个简单的方法，或者是通过讲故事阐明人类的智慧，或者是一个有意义的美丽意象，或者是对未来的美好愿景，或者只是提醒我们什么才是生命中最重要的东西。

改变人们对这个世界的认识的任何东西都可以被称为“思想”。如果你能在人们的内心唤起某种有力的思想，你就做了一件非常奇妙的事情，给了他们一份珍贵的礼物。事实上，你的思想成了他们生命中重要的一部分。

你是否有一些值得与别人分享的思想呢？让人吃惊的是，在回答这一问题时我们的表现有多糟糕。许多演讲者（常常是男性）似乎非常喜欢自己的声音，也很乐意连续讲几个小时，却并没有分享多少真正有价值的东西。但也有许多人（常常是女性）远远低估了自己的工作、学识及见解的重要价值。

如果你拿起这本书，只是因为你喜欢走上舞台，成为 TED 演讲明星，让观众崇拜你，那请你立刻放下它。你应该去找一些值得分享的东西，没有内容只有形式的演讲是非常可怕的。

但更有可能的是，你拥有许多值得分享的东西，只是你自己不知道而已。你不必非要发明狮灯，你有你自己的生活，有你独特的生活经历，其中某些经历蕴含的智慧非常值得分享，你只要找出那些经历和智慧即可。

你是否为此感到焦虑？或许你有一份课程作业，或许你需要在小会上展示自己的研究成果，或许你有机会就你的公司在当地扶轮社讲话，想要获得他们的支持，或许你觉得自己并没有做任何值得称道的事情，没有任何发明，没有任何创新，你不认为自己有多么出众，没有任何伟大的设想，你甚至都不知道自己真正喜欢什么。

那么，我承认，这是一个艰难的起点。为了不浪费观众的时间，大多数演讲需要立足于某些有一定深度的东西。在理论上，现在你能做的最好的事情就是寻找一些真正吸引你并促使你想要继续挖掘的东西，几年后请你再次拿起这本书。

但在你得出这一结论之前，需要再次确认你的自我评估是否准确，或许你只是缺乏自信。其中的悖论在于：你一直都是你自己，也只是从内心审视你自己；而其他人在你身上看到的闪光点，或许你根本看不到。为了找到那些闪光点，你需要与那些熟悉你的朋友进行真诚的交流，在某些方面他们会比你自己更了解你。

不论怎样，你有一样东西是其他人没有的，那就是你的第一手经验。昨天，你看到了许多，经历了许多，确切来说，这是非常独特的情感体验，你是 70 亿人当中唯一拥有那种体验的人。那么，你能否就此进行发挥？许多优秀的演讲正是基于一则个人故事，从中获得一条简单的教益。你是否注意到任何让你吃惊的事物？比如你在公园里看到了几个玩耍的孩子，或者与一位流浪汉聊了会儿天。在你所看到的事物当中，是否有一些会引起其他人的兴趣？如果没有，你能否在接下来的几星期里用心观察，留意任何一个可能会引起他人兴趣或对他人有所裨益的小细节？

人们都喜欢故事，都能学会如何把故事讲得精彩。即使你从故事当中收获的是普通的道理，那也不错——我们是人类！我们需要时时提醒！这就是为什么宗教每周都会有布道，反复对我们讲述同样的内容，只是采用不同的方式而已。重要的思想，如果用新鲜的故事进行包装，采用合适的方式进行讲述，就能成就伟大的演讲。

回想一下你过去三四年当中的工作，哪些是非常突出的？最近一次让你兴奋或愤怒的事情是什么？你做过的最令你骄傲的两三件事情是什么？你最近一次与人交谈，对方说“真的太有趣了”是什么时候？如果你能挥动魔杖，你最想传递到别人内心的思想是什么？

别再犹豫

你可以把公共演讲作为一个契机，去深入挖掘某个主题。我们所有人多多少少都有某种形式的拖延症或懒惰症。理论上，我们有许多想要探索的东西，但你知道，网络上有太多让人分散注意力的东西。公共演讲或许是一个督促你集中精力认真研究某个课题的好机会。任何一个有计算机或智能手机的人，都能获得全世界几乎所有的信息，你只要深入挖掘，就一定会有所发现。

事实上，你在研究当中提出的问题，就有助于为你的演讲提供蓝图。哪些问题是最重要的？它们是如何彼此联系的？怎样才能清晰地阐述这些问题？还有哪些人们依然感觉困惑的地方？主要的争议在哪里？你可以通过你的发现之旅，找到你演讲当中具有启示性的关键之处。

因此，如果你认为自己有一些东西值得分享，但又不够确信，那为什么不把你公共演讲的机会当作发现的契机？每当你感到精神不够集中的时候，只要记得你将站在舞台上，成百上千双眼睛注视你的那个情景，你就会再坚持努力一个小时。

2015 年，我们在 TED 总部进行了一项试验，我们团队所有人每两周可以享受一天的额外休假用于学习，我们称之为“学习星期三”。这样做的原因是，既然公司致力于终身学习，我们就应该身体力行，鼓励团队中的每个成员投入时间，去学习一些他们热爱的东西。但如何才能避免大家只是懒洋洋地坐在电视机前度过这一天呢？当然还有另外一种激励的措施：不管在一年当中什么时候，每个人都必须就自己所学到的东西，给其他员工做一次 TED 演讲。这就意味着我们都会从彼此的知识当中获益，但最重要的是，它为大家提供了坚持学习的重要契机。

你不需要用“学习星期三”作为契机，任何一次向你所尊敬的一群人讲话的机会，都可以成为你学习的契机。行动起来，专心做一些对你来说独特的事情吧！换句话说，今天，你并不需要在大脑中储存完美的知识，只要将这次机会视为发现知识的动因即可。

在我说了这么多之后，如果你还在犹豫，或许你是对的，或许你应该拒绝给你的演讲机会，这样对你和观众都有好处。然而，更有可能的是，你会找到唯有你才能分享的东西，某种在这个世界上你比别人看得更清楚的东西，这会令你兴奋无比。

在这本书的其余大部分，我将假定你拥有一些想要探讨的东西，不论是你毕生的所爱、一个你渴望深入挖掘的主题，还是你不得不进行展示的一个研究课题。在接下来的章节当中，我将聚焦于“怎样做”，而不是“做什么”。但在最后一章，我们将回归“做什么”，因为我确信每个人都有一些重要的东西值得分享，也应该分享。

语言的神奇魔力

你要讲一些有意义的东西，你的目标就是将其核心思想植入观众的内心。那么应该怎么做呢?

不要低估这项工作的挑战性。想象一下索菲·斯科特那个关于笑声的主题，这个主题在她大脑中很可能涉及无数的神经细胞，它们以极其复杂多样的模式相互关联，其中可能包括人们大笑时的形象、发出的声音、进化的目的以及笑声对缓解紧张的意义等概念。怎么才能在短短十几分钟的时间内，把这整个知识体系植入众多陌生人的内心?

人类已经发展出了一项技能使之成为可能，叫作语言，它能使大脑完成难以置信的事情。

请想象一只染着红色鼻子的大象，正与它头上的一只橘色大鹦鹉缓慢地同步起舞，并不断尖声叫嚷:“我们一起跳舞吧!”

哇!刚才在你脑海中形成了一个历史上从未出现过的画面(除了在我和那些刚刚读完上一句的人们脑海中出现过之外)。一个简单的句子就能够实现，但这有赖于作为聆听者的你拥有一套预先存在的概念体系，你必须知道什么是大象，什么是鹦鹉，知道红色和橘色的概念，知道染色、跳舞及同步的含义。

只有说者与听者之间有共同语言，语言才会产生神奇的力量。这就意味着要将你的思想植入他人大脑中，你只能使用听众能理解的工具。如果你只是从自己的语言、观念、假设和价值观出发，那就注定会失败。你要从听者的角度出发。只有在这个共同的基础之上，你的思想才会植入他们的脑海中。

普林斯顿大学的尤里·哈森博士一直在研究这一过程的运作机理。通过一种叫作“功能性磁共振成像”（fMRI）的技术，我们能实时捕捉到与概念形成或故事记忆相关的复杂脑部活动。

在2015年的一次试验中，哈森博士把一群志愿者放进功能性磁共振成像仪器内，为他们播放了50分钟的故事片。在观看影片的过程中，他们大脑的反应图像被记录下来，其中一些图像几乎所有志愿者都相同，证明他们具有同样的体验。然后，他要求志愿者根据回忆叙述影片并录音，其中有些录音非常详尽，长达20分钟之久。后来——这是最神奇的地方——他将这些记录播放给另一组从未观看过影片的志愿者，并记录他们的功能性磁共振成像数据。那些只聆听了影片回忆记录的第二组志愿者脑海中所显示的图像，与那些观看了影片的第一组志愿者脑海中所显示的图像完全相同！换句话说，语言本身的力量就能够唤起与观看影片者同样的内心体验。

这证明了语言的神奇魔力，这是每一位公共演讲者都能够利用的力量。

是的，语言至关重要

一些演讲教练不太重视语言的重要性。他们以阿尔伯特·梅拉宾 1967 年发表的研究结果为证，认为在交流的有效性当中，只有 7% 在于语言，38% 在于声音，55% 在于肢体动作，从而导致演讲教练过度重视对演讲者自信及魅力的培养，却忽视了语言方面的训练。

不过，这完全是对梅拉宾教授研究发现的错误阐释。他的试验旨在发现情感是如何被传递的。例如，如果有人说“这很好”，不过是用生气的口吻说的，或伴随有威胁性的肢体语言，那会怎样？可以肯定的是，在这种情况下，语言显得无足轻重，但在演讲当中不重视语言则非常荒谬（梅拉宾教授本人对这种做法也颇为反感，他在自己的网页上就义正言辞地告诫大家不要这样做）。

是的，情感的传递非常重要。就演讲来说，演讲者的声音色彩及肢体语言的确重要，我们将在后面的章节中对此进行详述。不过，对整个演讲来说，最重要的还是语言。是语言在讲述故事、建构思想，是语言在阐释复杂的概念、进行理性的分析或提出有力的号召。因此，如果有人告诉你，在演讲当中，肢体语言比口头语言更重要，请提醒自己他们是错的。（或者，你只要开玩笑地叫他们只用肢体语言复述他们的观点就明白了！）

在本书的前半部分，我们将用大篇幅来深入探讨语言怎样才能产生神奇的效果。我们能通过语言来传递思想，这一事实告诉我们，为什么人与人之间的语言交流非常重要，我们对世界的认识就是这样形成的。我们的思想决定了我们是谁，如果演讲者知道如何将自己的思想植入他人的大脑当中，那就能产生深远的影响。

旅行

精彩的演讲还有一个美丽的比喻：它是演讲者与观众共同经历的一场旅行。演讲者蒂尔尼·蒂斯（Tierney Thys）说：

> 优秀的影片或书籍让人心旷神怡，精彩的演讲也是如此。我们喜欢冒险，喜欢去新的地方时有一位博学多识的导游相伴。他会给我们讲解我们以前不知道的事情，引导我们爬出窗外，走进陌生的世界，给我们戴上全新的眼镜，让我们用一种特别的方式去观看寻常的事物……他会让我们沉浸其中，激活我们大脑中的多个区域。因此，我在发表演讲时，常常将其视为开启一段旅程。

这一比喻的有力之处在于，它表明为什么演讲者就像一位导游一样，必须从观众的角度出发，为什么在讲解过程中一定要避免突然的跳跃或生硬的过渡。

不论这场旅行是一次探索、一种阐释还是一个劝告，其目的都是将观众带到一个美丽的新地方。这也是一份礼物。

不管你用什么样的比喻，专注于你要给予观众的东西，是你准备演讲的最好起点。

第三章
常见陷阱：应该避免的四种演讲风格

优秀的演讲有很多种，但首先要了解一些重要的安全提示。有些演讲方式非常糟糕，不论对演讲者的声誉还是对观众来说都毫无益处。以下就是四种无论如何都要避免的演讲方式。

推销策略

有时候，演讲者的目的是逆向的，他们想要索取，而非给予。

几年前，一位知名作家兼企业顾问来到 TED 演讲。得知他的演讲是关于如何打破惯性思维时，我非常高兴。但接下来发生的事情却让我大为震惊，他开始讲许多企业由于采取行动而获得跳跃性发展的故事。具体采取了什么行动呢？就是它们都预约了他的顾问服务。

这样讲了5分钟之后，观众开始坐立不安，我也早已失去耐心。我起身打断他的演讲，所有人的目光都转向我，使我焦虑不安。我戴着耳麦，每一位观众都能够清清楚楚地听到我说的每一句话。

我：我有个小小的请求，您能否告诉我们您所推崇的具体思维模式究竟是什么？我们想知道它是如何起作用的，这样我们才能从中获益。而您现在的演讲，更像是在做广告。

（不安的鼓掌，尴尬的沉默。）

演讲者：要深入讲解需要三天的时间，而在15分钟时间里，我无法向你们讲清楚具体操作方法。我的目的是告诉你们这些方法是有效的，这样就可以促使你们做进一步的了解。

我：我们相信您的方法是有效的，在这个领域您是绝对的权威！请给我们一个例子，或者就用这15分钟的时间逗逗我们，拜托了。

这时，观众开始欢呼，这位演讲者也别无选择。让我们释怀的是，他最终与我们分享了一些我们能实际应用的方法。

这是一种极大的讽刺，这种索取式的演讲策略即使对演讲者本人也毫无益处。如果在场的任何一位观众会预约他的顾问服务，我都会感到惊讶。即使真的有人这样做，那他也会失去场内其他观众的尊敬。当然，我们从未将这次演讲传到网上。

名誉是最重要的。你应该做一个慷慨的给予者，为观众带来一些神奇而美好的东西，而不是一个令人讨厌的自我推销者。强迫性的推销是极其无聊的，尤其是当观众的期待与之不符的时候。

当然，通常情况下推销的发生会微妙得多：用幻灯片展示书籍的封面，稍稍提及演讲者所属公司的资金缺口等等。假如你的演讲非常精彩，那你的推销或许会侥幸成功。（当然，如果你是受邀专门来讲你的书籍或你的公司的，那就另当别论。）不过，你这样做冒着很大的风险，所以我们极力反对演讲者这样做。

我们要牢记的重要原则是，演讲者的工作就是给予，而非索取。（即使在商务背景下你的确是在进行推销，那你的目标也应该是给予。优秀的推销员会站在观众的立场上，想象如何才能更好地满足他们的需求。）人们来参加演讲大会，不是想被推销产品。一旦意识到你是推销代理，他们宁愿去看电子邮箱。这就像是你答应和朋友一起去喝咖啡，令你失望的是，她真正的目的却是跟你讲她投资的分时度假计划，你立刻就会心生厌烦。

分享思想与推销之间的界线在哪里？对这个问题的回答可能不尽相同，但必须遵循的重要原则是：给予，而非索取。

事实上，慷慨的给予会获得积极的响应。当人权律师布赖恩·史蒂文森（Bryan Stevenson）进行TED演讲时，他的律所急需100万美元才能在美国最高法院继续办理一起重要案件。但布赖恩在演讲中从未提及此事，而是通过他的故事、智慧、幽默和启示，改变了我们对美国社会不公现象的认识。演讲结束时，观众不约而同地起身鼓掌，掌声持续了几分钟之久。猜猜后来发生了什么？他离开会场时，得到了与会者130多万美元的资助。

漫谈

在我主持的第一次TED大会上，有一位演讲者的开场是这样的：“我在开车来这里的路上就在想，也不知道该跟你们讲些什么……”接下来就是漫无目的地罗列关于未来的设想，没有什么危害性，也没有什么特别难懂的地方，但也没有任何鲜明的观点，没有启示性，没有令人惊叹之处，没有任何实质性的内容。观众只是礼貌性地鼓掌，但没有人真正从中学到什么。

我有些生气，这显然是准备不足。但你能大言不惭地说没有好好准备吗？那是一种侮辱，是告诉观众他们的时间并不重要，此次演讲也不重要。

有许多演讲就是这样，是漫谈式的，没有一条清晰的脉络。演讲者或许可以欺骗自己，说他的伟大思想，即使只是随意漫谈，也会让其他人为之沉醉。但是，如果有 800 人想要花一天当中 15 分钟的时间来听你演讲，那你就真的不该只是即兴发挥。

正如我的同事布鲁诺·吉萨尼所说："当人们坐下来听你演讲的时候，他们给你的是某种非常宝贵的东西，某种一旦给予便无法收回的东西，那就是他们的时间和精力。而你的任务就是要充分利用这十几分钟时间。"

因此，如果你希望给予观众一种奇妙的思想，首先你必须花时间准备。漫谈式的演讲是不可取的。

最终，这个漫谈式的演讲者的确给了 TED 一份礼物：从此以后，我们加倍努力，让演讲者做好充分的准备。

讨厌的公司人

组织对员工来说非常有吸引力，但外人可能对它毫无兴趣。很遗憾，这是真的。如果你的演讲仅仅围绕你的公司、你的非政府组织或你的实验室，包括与你共事的优秀团队的优秀特质，以及你的产品所获得的巨大成功，那观众很快就会昏昏欲睡。你和你的团队或许会觉得非常有趣，但作为观众的我们并非如此。

然而，当你专注于你所从事工作的本质，专注于渗透其间的伟大思想，而不是关注公司或其产品本身时，一切都会发生改变。

这说起来容易但做起来难。通常来说，公司主管是其默认的代言人，总是处于一种推销的模式，认为他们有责任去赞扬那些整日辛勤工作的团队成员。既然他们演讲中涉及的工作发生在公司内部，那么对其描述或许属于公司行为。“2005 年在达拉斯，我们就在这幢办公大楼创立了一个新的部门（此处展示玻璃大厦幻灯片），目的是研究怎样才能减少能源消耗，我将这项工作委托给我们的副总裁汉克 · 伯汉姆先生……”观众开始打哈欠。

我们换一种说法：“2005 年，我们有一个惊奇的发现，每个办公室都有可能削减 60% 的能源消耗，而其生产几乎毫无损失。让我分享我们是怎么做到的……”

一种模式让观众兴致勃勃，而另一种模式则索然无趣；一种模式是慷慨的给予，而另一种模式则是自私的行为。

启迪性的表演

关于这个例子我有点犹豫是否该讲，但我觉得必须要讲。

我们都知道，聆听一场演讲时，观众获得的最深刻的体验之一就是启迪性。我们被演讲者的言行深深触动，心中有所感悟并充满希望，想要成为更好的人。TED 的成长与成功要归功于许多富有启迪性的演讲，这的确也是我一开始就被它吸引的原因。我相信启迪的力量。

但这种力量必须慎用。

当一位演讲者结束了精彩演讲之后，全场观众起立鼓掌。对在场的每一个人来说，这都是一个激动人心的时刻。观众因聆听演讲而备受鼓舞，而对于演讲者来说，获得观众的认可是一件令人欣慰的事情。（我们在 TED 曾遇到一件极为尴尬的事情，演讲者在稀稀拉拉的掌声中离开舞台，她对后台的朋友悄声说："没人站起来！"她这样说是可以理解的，但不幸的是，她的耳麦还开着，每个人都能听出她声音里的痛苦。）

不论演讲者承认与否，他们都梦想在离开舞台时，能听到观众热烈的欢呼声，之后还能看到满屏的推特留言，从而证明他们演讲中伟大的启迪性。然而其中存在陷阱。由于极度渴望观众的掌声，雄心勃勃的演讲者会做一些愚蠢的事情。他们或许会观看由富有启迪性的演讲者所做的演讲，并试图去模仿——但只是在形式上模仿，结果会非常可怕：过分追求技巧，希望在理性与感性层面都能征服观众。

在 TED，几年前就有这样一个令人失望的例子。[①] 一位 40

---

① 出于善意的考虑，在此我改动了一些细节。

多岁的美国人是 TED 的忠实粉丝，他给我们发来了一份漂亮的演讲视频，请求我们给他一次演讲的机会。他的演讲恰好符合我们当年关注的主题，而且他的到来获得了大力推荐，因此，我们决定给他一次机会。

开始时，他的演讲还算不错。他个性鲜明，始终面带微笑，开场白也显得生动有趣，还有漂亮的视频以及出人意料的道具，似乎他仔细研究了所有的 TED 演讲，而且汲取了其中最优秀的元素，用在自己的演讲当中。我满怀希望地坐下来仔细观看，以为此次演讲会大获成功。

可是之后，我开始慢慢感到有点不安，似乎哪里有些不对劲。他显得非常享受那个舞台，甚至享受得有点过分。他不停地中断发言，希望博得观众的掌声或笑声。当得到之后，他会停下来说“谢谢”，其实是想博得更多喝彩。他开始即兴插入一些评论以取悦观众，显然，他认为这些即兴评论很有趣，而其他人并不这么认为。最糟糕的是，他所承诺的东西却自始至终都没有出现。他声称要揭示一个重要的思想，但他带给观众的只是一些奇闻逸事。他甚至对一张图片进行了处理，这样就可以用来支持他的观点。由于他的得意忘形和对聚光灯的过分迷恋，他的演讲远远超时。

即将结束演讲时，他告诉观众，是的，他们能够汲取他的智慧，他还谈论了梦想和感悟，最后向观众伸出双臂。显然，他的演讲对他来说意义重大，有一些观众的确起立为他鼓掌。

我呢？只有厌烦。这就是我们在 TED 努力想要杜绝的问题：只有形式，没有内容。

这类演讲的问题并不仅仅是带有明显的欺骗性，还玷污了整个演讲行业的名声，结果，当真正富有启迪性的演讲者来到时，观众也不再愿意敞开心扉去聆听。此外，越来越多的演讲者，因迷恋于观众的追捧，正在试图选择这样的方式。

千万不要成为他们中的一员。

启迪性必须通过努力才能获得。有些人给人以启迪，不是因为他们睁大双眼看着你，让你从内心去发现他们的梦想，相信他们的梦想，而是因为他们真的有一个值得追求的梦想，那些梦想不是轻轻松松就能实现的，而是要付出血汗和泪水。

启迪性就像爱，并不是直接追求就能获得。事实上，如果你一味过于直接地追求爱的人，那么只能用一个词来形容：死乞白赖。即使没那么极端，也会被人们形容为：令人厌烦、不知轻重、不择手段。不幸的是，这种方式会适得其反，只会让你追求的人离你越来越远。

启迪性同样如此。如果你试图走捷径，想仅仅通过漂亮的包装来赢得观众，或许你会获得短暂的成功，但很快就会被识破，观众会避之唯恐不及。在上面的案例当中，虽然有一些人为他起身鼓掌，但在之后的调查中，观众对那位演讲者的反馈非常糟糕，我们也从未将他的演讲挂到网上。观众有种上当受骗的感觉，的确如此。

如果你梦想成为演讲明星，梦想在讲台上炫耀你的卓越，请你三思。不要抱有这样的想法，要梦想某种比你自己更为重要的东西，专注于那个梦想，直到它成为某种真正有价值的思想。然后，请你谦虚地回来，跟我们分享你所学到的东西。

启迪性不是表演出来的，它是观众对真诚、勇气、无私奉献以及真正智慧的领悟。将这些元素融入你的演讲中，你会有惊讶的发现。

说出演讲失败的原因很容易，那么怎样才能成功呢？这要从清晰的脉络说起。

第四章

主线：你的观点是什么？

“经常会发生这样的事情：你坐在观众席上听某人演讲，你知道这个人可以讲得很好，而她正在发表的演讲却并非如此。”这又是 TED 的布鲁诺 · 吉萨尼说的，他不忍眼睁睁看着很有潜力的优秀演讲者浪费机会。

演讲的重点是……讲一些有意义的东西，但令人惊奇的是，许多演讲者都没有做到这一点。的确，他们讲了很多，却没有留下观众能从中获益的任何东西。漂亮的幻灯片展示和完美的舞台呈现都无可厚非，但是，假如演讲中没有任何实质性的内容，那演讲者所做的最多也只是娱乐观众。

这种悲剧发生的最主要原因是，演讲者并没有对整个演讲进行适当的设计。他可能对每个要点，甚至每个字句进行了斟酌，却并未在整体设计上下功夫。

在分析戏剧、电影和小说时，有个很好的词，即主线，它也适用于演讲，也就是将所有叙述串联起来的中心主题。每个演讲都应该有一条主线。

既然你的目标是将某种神奇的思想植入观众的内心，那你可以将主线想象成一根结实的线或绳索，你可以在上面缀上你要建构的思想的所有碎片。

这并不意味着每个演讲都只能有一个主题，只讲述一个故事，或者只朝一个方向行进而不能有任何偏离。绝非如此。这只是意味着你需要将所有的碎片都串联起来。

“我想跟你们讲一讲不久前我在开普敦旅行时的一些经历，然后分享一些我在旅行过程中的生活感悟……”这样的开场就是单纯的素材堆砌而没有主线。

再比较下面的开场：“不久前在去开普敦的旅行途中，对于陌生人我有了更新的认识——一种情况是当你信任他们的时候，另一种情况是当你完全不信任他们的时候。让我跟你们分享我的两种截然不同的经历……”

第一种方式或许适合于讲给你的家人听，而第二种方式，由于自始至终都有着清晰的主线，对大多数观众来说都更加有趣。

一个很好的练习方式就是，试着理清你的主线，但不得超过15个单词，这15个单词必须概括主要内容。认为演讲的目标就是“我想给观众以启迪”或“我想获得对我工作的支持”，这远远不够，还应该更加明确。你想传递给观众的具体思想是什么？他们能从中获得什么？

此外，过于平淡或陈旧的主线也要避免，如“努力工作的重要性”或“我所研究的四个课题”等等。其实你可以做得更好！以下是一些著名 TED 演讲的主线，请注意每条主线都蕴含着出人意料的启迪性。

- 更多选择让我们更不快乐。
- 脆弱值得珍惜，无须隐藏。
- 教育的潜力是无限的，只要你注重孩子非凡的（有趣的）创造性。
- 使用肢体语言，你就能模仿它，最终成为它。
- 用 18 分钟揭示出宇宙从混沌到秩序的发展史。
- 糟糕的城市标志能揭示出惊人的设计秘密。
- 南极滑雪旅行威胁到了我的生命，也颠覆了我的目标意识。
- 让我们发动一场无声的革命吧——为内向者重新建造一个世界。
- 结合三种简单的技术就可以创造出美妙的第六感。
- 网络视频能使课堂人性化，使教育发生革命。

上述第一个关于选择悖论的演讲是巴里·施瓦茨（Barry Schwartz）做的，他坚信主线的重要性：

> 许多演讲者都痴迷于自己的思想，他们很难想象其思想对那些尚不熟谙的人有什么复杂的。关键是只展示一个思想——在有限的时间内尽可能详尽完整地展示。在演讲完之后，你想让观众明白无误地了解到什么？

上述最后一个演讲是教育改革家萨尔曼·汗（Salman Khan）做的，他告诉我：

> 可汗学院做了许多很有趣的事情，但听上去都有自我炫耀的嫌疑。我想分享一些更重要的思想，例如取消教师讲授后学生可自主学习，使课堂更人性化。我对演讲者的建议是寻找一个比你自己或你的公司更重要的思想，同时用你自己的实践经验来证明这一思想并非空洞的猜想。

你的主线不一定要像上文列举的那样目标高远，但必须要有一个有趣的视角。与其讲努力工作的重要性，不如讲为什么努力工作有时不一定能获得真正的成功，而你又能做些什么。与其讲你最近正在研究的四个主要课题，不如围绕其中相互关联的三个课题来讲。

实际上，罗宾·墨菲来“TED 女性”（TEDWomen）演讲时，正是采用了这样的主线。以下是她的开场白：

> 机器人正快速成为救灾现场最有效的工具，与人类一道实施救援。这些复杂机器的参与能彻底改变救灾行动，

挽救生命与财产。在这里，我想跟大家分享我正在研发的三种新型机器人来作为证明。

并不是所有的演讲都必须一开始就清晰地陈述其主线。我们会看到，还有许多其他方式来激发观众的兴趣，邀请他们加入你的旅行。当观众知道你要去的方向，他们就很容易跟随你的脚步前行。

让我们再次将演讲想象为一段旅行，一段由演讲者和观众共同参与的旅行。演讲者就是导游。如果想让观众跟随你的脚步，或许你首先要向他们明确你们要去的地方，然后，确保旅行当中的每一步都有助于你们到达目的地。主线就是这趟旅行的路线，明确的主线可以确保演讲中不出现观众无法理解的跳跃，从而让演讲者和观众在演讲结束时一起满意地到达目的地。

许多人演讲时，认为只要列出他们工作的纲要，或描述他们的公司，或探讨一个问题即可，其实不然。这样的演讲很可能没有重点，也没有冲击力。

需要牢记，主线和主题并不是一回事。你收到的邀请函或许听上去清晰明了："亲爱的玛丽，我们想邀请您来讲讲您开发的海水淡化技术。""亲爱的约翰，您能否来给我们讲讲您在哈萨克斯坦的皮划艇历险记？"但即使主题已非常明确，你也要认真思考主线的问题。皮划艇历险记的演讲，其主线可以是关于耐力的，可以是关于团队精神的，也可以是关于湍流危险性的。海水淡化技术的演讲，其主线可以是关于颠覆式创新的，可以是关于全球水源危机的，也可以是关于工程技术的绝妙之处的。

那么怎样才能找到主线呢？

首先，要尽可能多地掌握观众的信息：他们是谁？他们的知识水平如何？他们有怎样的期待？他们关心的问题是什么？过去的演讲者都讲了些什么？只有面对正确的受众，你才能把思想植入他们的内心。如果你的演讲对象是伦敦的出租车司机，而你打算对他们讲数码时代的分享经济，那你最好事先了解他们的生计正在受到优步技术的威胁。

寻找主线的最大障碍在于，每个演讲者一开始就声称：“我有太多的东西要讲，只是没有足够的时间。”

这样的话我们已经听得够多了。TED 演讲的最长时间限度是 18 分钟。（为什么是 18 分钟？它足够短，可以抓住观众的注意力，包括在线的观众；足够精确，应予以认真对待；但也足够长，可用来讲一些重要的问题。）而大多数演讲者习惯于发表长达 30~40 分钟，甚至更长时间的演讲。所以，他们很难想象能在如此短的时间内把内容讲得精彩。

当然，演讲用时越短并不意味着准备时间也越短。有一次，伍德罗·威尔逊总统被问及他准备一次演讲需要花多长时间，他的回答是：

这取决于演讲的长度。如果是一个 10 分钟的演讲，那我需要两周的时间准备；如果是半个小时的演讲，我需要一周的时间准备；如果我能讲多长时间就讲多长时间，那我就不需要做任何准备，马上就可以开始。

这让我想起一句许多伟大的思想家和作家都曾说过的名言：“如果我有更多的时间，就能写出更简洁的文字。”

因此，我们要承认，在有限的时间里发表一场精彩的演讲是要付出心血的。但有正确的方式，也有错误的方式，我们要区别对待。

错误的方式

凝练型演讲的错误方式是，涵盖所有你认为需要讲的内容，只要将其缩短即可。有趣的是，你可以写出这样的文本来实现这一目的，你要讲的每个要点都以摘要的形式呈现，同时覆盖了你研究的方方面面，你甚至以为贯穿其中的是一条主线，某种基于你研究的更广泛的主题。对你来说，似乎已经付出所有的心血，做了最大的努力，从而能很好地完成规定时间的演讲。

然而，主线之上附加太多的概念是不可取的。当你匆匆忙忙用摘要的形式讲完多个主题时，产生的严重后果就是，这些主题毫无穿透力。你自己非常了解演讲内容的整个背景和语境，因此，你的发现与见解或许对你来说意义重大，但对那些对你的研究一无所知的观众来说，你的演讲很可能会显得抽象、枯燥或流于表面。

有一个简单的等式：内容庞杂 = 阐释不足。

若要演讲有趣，你必须用心做至少两件事情：

- 说明它为什么重要。你想回答什么问题？你想解决什么问题？你想分享什么经验？
- 用生活中的案例、故事和事实来支持你陈述的每个要点。

只有这样，你才能把你珍视的思想植入他人的内心。问题是，解释为什么以及寻找例证需要花费时间，那么你只有一个选择。

正确的方式

为了使演讲产生应有的效力，你必须把你要涵盖的一系列主题简化成一根紧密连接的线条——一根可以展开的主线。在某种意义上，你涵盖的主题越少，效果就会越好。

作家理查德·巴赫说过：“伟大的创作取决于所删文字的力量。”对于演讲同样如此，成功演讲的秘密就在于所删减的内容。少即是多。

许多 TED 演讲者告诉我们，这正是他们演讲成功的关键所在。音乐人阿曼达·帕尔默（Amanda Palmer）说：

> 我发现“自我”对我来说是一种束缚。如果我的 TED 演讲能像病毒一样迅速传播开来，我想让人们知道我是一个了不起的钢琴家，我会画画，我会写浪漫的抒情诗，还有许多其他才能！这是我的机会！可是，实则不然。演讲真正成功的唯一方式就是，放下自我，让自己成为传播思想的工具。记得我跟一位 TED 演讲嘉宾尼古拉·尼葛洛庞蒂一起用餐时，我问他能否给我一些演讲方面的建议，他说：留白少言。

经济学家尼克·马科斯的建议（也是初学写作的人经常听到的建议）是：“杀死你深爱的一切。我绝不能讲那些我非常喜欢的东西。尽管我很想把它们一股脑儿讲出来，但它们并非叙述的重点。这样做很难，但很重要。”

布勒内·布朗（Brené Brown）是最受欢迎的 TED 演讲者之一，她也曾为遵循 TED 严格的时间限制而煞费苦心。她给出了一个简单的方法：“演讲大纲完成之后，将其砍掉一半。当你为损失一半而痛心时，再砍掉一半。想想在 18 分钟里你能讲多少，这是非常重要的。对我来说，更重要的是，在 18 分钟里，你能以一种有意义的方式讲多少内容？”

同样的问题适用于任何长度的演讲。我来跟你分享一个我个人的案例吧。我曾经受邀做一个两分钟的自我介绍，下面是第一个版本：

> 虽然我是英国人，但我出生在巴基斯坦——父亲是一位传教士眼科医生——我的童年是在巴基斯坦、印度和阿富汗度过的。我在 13 岁的时候被送往英国的寄宿学校，之后进入剑桥大学学习，获得哲学、政治学和经济学学位。我的第一份工作是在威尔士当地一家报社当记者，之后又到了塞舌尔群岛的一家海盗电台，在那里待了几年，从事撰写播报世界新闻的工作。
>
> 20 世纪 80 年代中期回到英国后，我迷恋上了计算机，并创办了一系列计算机方面的期刊。那是发行专业期刊的黄金时代，我的公司规模年年翻番，这样持续了 7 年，然后我又卖掉公司，搬到美国，重新开始。
>
> 到 2000 年，我的公司已经拥有 2 000 名员工，150 种杂志和网站。然而，互联网泡沫破灭，我的公司受到重创。此外，当人们已经拥有网络的时候，谁还需要期刊呢？2001 年末，我离开了公司。
>
> 庆幸的是，我在一家非营利组织投入了一些资金，可用来购买 TED，它当时还是在加利福尼亚举办的一年一度的大会。从此以后，它便成为我生命中孜孜以求的事业。

以下是第二个版本：

我想带你回到 1977 年，去牛津大学的一间教室。你打开门，仿佛里面空无一人。

等等，在一个角落里，有个男孩正躺在地板上，盯着天花板。那就是我，21 岁的我。我正在思考，苦苦地思考。我试图……请别笑……我试图解决关于自由意志的问题。就是那个困扰了世界上的哲学家至少 2 000 年的深奥而神秘的问题吗？没错，我思考的正是那个问题。

所有客观审视这一场景的人都会得出这样的结论：这个男孩是傲慢与虚妄的怪异组合，或者他只是有些孤僻，不善社交，更喜欢与思想为伴而不是与人为伴。

那我自己怎么看呢？我是一个梦想家，一直都迷恋思想的力量，而且我相信，正是这种内倾意识使我在远离传教士父母的情况下，能在印度和英国的寄宿学校里不断成长，也让我有信心去创办媒体公司。当然，正是住在我心里的那个梦想家深深爱上了 TED。

最近，我一直在思考演讲革命的问题，它将走向何方……

哪个版本告诉你更多关于我的信息呢？第一个版本当然有较多的事实，是对我大部分人生的精炼总结，一个两分钟的履历；第二个版本只聚焦于我生命中的某个时刻。然而，当我对人们试讲时，他们认为第二个版本更有趣，也更清晰。

不论你的时间限度是 2 分钟、18 分钟还是 1 小时，首要的前提是：你只能覆盖你能深入挖掘且足够有力的话题。

此时，主线就派上用场了。通过确定主线，你会自动筛除你或许会讲的很多内容。当我做以上试讲时，心想，我生命中的哪个方面是值得深入关注的？选择“梦想家”作为线索，使我很快就锁定牛津大学期间的哲学研究作为第二个版本。如果我选择的是“企业家”或“书呆子”或“全球精神”，那我就会做不同的删减。

因此，主线意味着你首先需要确定一个能在有限时间内进行适当阐述的思想，然后搭建一个框架结构，从而使演讲中的每个元素都能与这个思想建立联系。

从主线到结构

让我们看看“结构”一词，它非常关键。不同的演讲会有完全不同的结构与中心主线相匹配。一种演讲可以从介绍演讲者研究的一个问题入手，给出一个例子说明这个问题，然后转向历史上一些试图解决这一问题的例子，再给出两个最终失败的例子，接着提出可能的解决方案，并用一个非常新颖的例证来支持这一想法，最后提出对未来的三个设想作为结尾。

你可以把演讲的结构想象成一棵树，中间有主干垂直向上，其上附有树枝，每条树枝代表着对主题的展开论述：一条树枝在底部，作为开场趣味性的例子；上面两条树枝讲失败的例子；还有一条树枝讲可能的解决方案，作为新的例证；最后三条树枝在顶端，是对未来的设想。

另一种演讲或许只是逐一分享有统一主题的五件作品，开头与结尾都是演讲者研究的课题。在这种结构中，你可以将主线想象成一个环，环上串着五个不同的盒子，每个盒子代表一件作品。

在我撰写这本书时，网上点击量最多的 TED 演讲者是肯·罗宾逊（Ken Robinson）。他告诉我，他的大多数演讲都遵循以下简单的结构：

A. 前言——明确要讲的主题

B. 背景——为什么这个问题很重要

C. 主要概念

D. 实践意义

E. 结论

他说："写文章有一个古老的准则，即好文章要回答三个问题：什么？怎么样？怎么办？演讲与之有点类似。"

当然，肯·罗宾逊演讲的绝妙之处远不在于他简洁清晰的结构，无论是他还是我，都不会建议所有人使用同样的结构，关键是要在有限的时间内确定结构，使主线适当展开，并清晰地呈现每个演讲环节与主线的关联。

沉重话题的处理

如果你不得不探讨一些沉重的话题，如难民危机问题、糖尿病的爆发、南美性侵事件等，那你对主线的选择就必须非常慎重。许多演讲者谈论这类话题旨在引起大家的广泛关注。这类演讲的典型结构就是，列举诸多事实，以说明问题的严重性，以及为什么必须采取措施来解决问题。很多时候，这种结构的确非常完美，但前提是你要确信听众已经做好承受痛苦的准备。

问题是，如果观众已听过太多类似的演讲，他们会兴趣减退，同情心疲劳。如果这些状况都发生在你结束演讲之前，那你的演讲终将失去力度。

怎样才能有所改善呢？首先就是不要将演讲设定为一个问题，而是一个思想。

我的前同事琼·科恩指出了其中的不同：

基于问题的演讲以道德为前提，而基于思想的演讲以求知欲为前提。

问题揭示疑惑，而思想提供答案。

问题说："难道这不可怕吗？"思想说："难道这不有

趣吗？”

如果演讲是为观众揭开一个有趣的谜题，而不是呼吁他们关注存在的问题，就会更容易吸引观众。前者就像一份馈赠的礼物，后者则像一个请求。

问题清单

在你展开演讲主线时，有个简单的问题清单可供参考：

- 这个主题是我喜欢的吗？
- 它能激发兴趣吗？
- 我分享的知识对观众有价值吗？
- 我的演讲是一份礼物还是一个请求？
- 演讲内容是新的，还是早已陈旧？
- 我能在规定时间内用必要的例证来充分阐释这个主题吗？
- 我有足够的知识储备使演讲不负观众的期待吗？
- 我有资格探讨这个主题吗？
- 概括我演讲的 15 个词是什么？
- 这 15 个词能使那些有兴趣听我演讲的人信服吗？

演讲教练阿比盖尔·特南鲍姆的建议是，向某个可以作为典型观众的人试讲，对你的主线进行测试，不是以书面形式，而是以口头形式。“大声说出来，常常能让演讲者知道什么地方阐释得比较清晰，什么地方有所欠缺，怎样才能使其完善并强化。”

畅销书作家伊丽莎白·吉尔伯特也指出，要面对一位观众进行演讲设计。她给我的建议是：“选一个人——一个你生活中真实存在的人——开始准备演讲，就像你将只对这个人进行演讲。要选一个跟你不在同一领域的人，但他是一个聪明、有好奇心、积极上进的普通人——一个你真正喜欢的人。这会使你的演讲富有温情。最重要的是，要确保你的演讲对象的确是一个人，而不是一个统计学人口（‘我的演讲对象是软件领域年龄段在 22~38 岁的人。’），因为统计学人口不是一个人。如果你是对着一个统计学人口演讲，那听上去就不像在对一个人演讲。你不必花半年的时间去这个人家里对着他练习，他甚至不需要知道你在做这件事。你只要选择一位理想观众，然后尽最大的努力去创造一个能震撼他的心灵、或触动他的内心、或使他着迷、或使他愉悦的演讲。”

吉尔伯特说，选一个生长在你内心深处的主题，这是最重要的。“讲你了解的东西，你了解并全身心热爱的东西，我想听到你生命中最重要的主题——而不是某个你自认为很有新意的随意的主题。我想感受你几十年不变的激情，而不是一些新奇的骗人把戏，请相信我——我会为之沉醉。”

确定主线之后，你就要准备设计主线的附着部分。建构思想有许多种方式，在接下来的五章当中，我们将探讨演讲者使用的五种重要工具：

- 联系
- 叙述
- 解释
- 说服
- 展示

这五种工具可以混合搭配使用。有些演讲只使用其中一种，有些会融合多种元素，还有少数则包括全部五种（而且常常接近于上述顺序），但我们必须分别对其进行探讨，因为这五种技巧截然不同。

TED TALKS

第二部分　演讲工具

第五章

联系：与观众建立起信任的纽带

知识不能被塞进大脑，而要让大脑吸收。

在你把一个思想植入他人内心之前，首先需要得到他们的允许。向陌生人敞开心扉（他们所拥有的最珍贵的东西）时，你自然会非常谨慎，需要设法消除他们的戒备，最好的方法就是让他们看到隐藏在你身体里的那个人。

聆听演讲与阅读文章完全不同。这不只关乎文字，完全不是，而是关乎演讲的人。要想制造一定的影响，就必须与观众建立联系。或许你能发表精彩的演讲，条理清晰、逻辑缜密，但如果你开始时与观众没有形成联系，那也不会成功。即使观众对你的内容有了某种程度的了解，演讲也是没有生命力的，很快就会被忘记。

人不是计算机，而是社会性动物，性格各异。人们在进化过程中开发了一套武器用来保护自己，抵御危险知识对自己信奉的世界观的破坏。这些武器叫作：怀疑、不信任、不喜欢、厌倦、不理解。

顺便说一下，这些武器是非常宝贵的。如果你的内心对听到的一切都是开放的，那你的生活将迅速崩溃。“咖啡会致癌！”“外国人真讨厌！”“请买这些漂亮的厨房刀具！”“孩子，我知道怎样让你过得快乐……”我们看到或听到每一件事之后，首先必须对其加以评估，才能确认其可行性。

因此，作为演讲者，你要做的第一件事就是找到一种方法去解除观众的武装，并与之建立信任的纽带，这样，他们才愿意——甚至乐意——在几分钟的时间内向你敞开心扉。

如果你不喜欢军事的比喻，那我们还是把演讲比作旅行。这是一段你带着观众一起经历的旅行，你或许已经找到一条绝佳的路线通往美丽的目的地，但在你带他们到那里之前，必须让观众喜欢这次旅行。第一个任务是到观众所在的地方，赢得他们的支持。是的，你必须是一个值得信赖的导游，否则，全部的努力在你起程之前就将付诸东流。

我们告诉演讲者，TED 的观众都非常友好热情，但即使是这样，与观众建立联系的演讲者和那些无意识中引发观众怀疑、厌倦或憎恶的演讲者的影响力还是会有巨大的差异。

还好，有许多方法可以尽快与观众建立联系，以下是五点建议。

一开始就进行眼神交流

人类擅长对他人做出迅速的判断：朋友还是敌人，可爱还是讨厌，聪明还是愚笨，自信还是胆怯。我们用来做出这些判断的根据往往微不足道：衣着、行走或站立的姿势、面部表情、肢体语言及专注度。

优秀的演讲者会设法尽快与观众建立联系，如自信地在舞台上走动，环视四周，与两三个人进行眼神交流，保持微笑。我们来看看凯莉·麦戈尼格尔（Kelly McGonigal）关于压力的好处所做的TED演讲，她的开场白是这样的："我要向你们坦白一件事，（她稍停，转身，手臂下垂，面带微笑）但首先，我想让你们坦诚地告诉我，（走上前）在过去的一年当中，（仔细地观察周围的每一张脸）如果你几乎没有体验过任何压力，那就请举手。有吗？"（露出神秘的微笑，很快就变成灿烂的微笑）她与观众之间很快就建立起联系。

并不是每个人都能像凯莉那样表达自然流畅、轻松优雅，但有一件事我们都能做到，就是与观众进行眼神交流，并适当微笑。这非常重要。印度艺术家拉加瓦·KK（Raghava KK）的眼神交流非常到位，阿根廷民主倡导者派·曼奇尼同样如此。在他们开始演讲数秒的时间里，观众就已经被深深折服。

这是有原因的。人类有一种能通过观察别人的眼睛来做出判断的能力。我们能下意识地捕捉别人眼部肌肉最细微的活动，来判断他们的感受，以及我们能否信任他们。（当我们这样做的时候，他们也同样在对我们做着判断。）

科学家研究发现，只要两个人互相对视，就会引发镜像神经元活动，从而使一方原封不动地接纳另一方的情感状态。如果我面露喜色，你的内心也会微笑。只是微微一笑，但意义重大。如果我紧张，你也会感觉不安。当我们看着对方，我们的内心也开始变得同步。

我们的内心在多大程度上保持同步，部分取决于我们之间直觉上的信任有多少。获得信任的最好工具是什么？是的，微笑，人类自然的微笑。（人们能识别虚假的微笑，很快就会感到厌烦。罗恩·古特曼曾做一场TED演讲，是关于微笑的力量的，你有必要花 7 分半钟的时间看一下。）

眼神，如果辅以偶尔温暖的微笑，是一种神奇的技术，能够彻底改变观众对演讲的反应与接受度。（但遗憾的是，有时候眼神交流会被另一种技术破坏：舞台灯光。有些明亮的聚光灯会使演讲者感到目眩，甚至看不到观众。如果是这样，你事先要跟主办方进行沟通。如果你在舞台上感觉与观众之间无法交流，那就要求适当调整室内灯光。）

在 TED 演讲中，我们给当天的演讲嘉宾最重要的建议是，与观众进行适当的眼神交流，表现得温暖、真诚而自然，这样，观众就会信任你、喜欢你，并开始被你的激情所感染。

当你走上舞台时，应该考虑一件事：能近距离与人们分享你的激情，你感到非常兴奋。不要急于开始演讲，从容地走到灯光下，找到几位观众，看着他们的眼睛，点头问候，面带微笑，然后就可以开始了。

展示脆弱

要解除观众的武装，最好的方法之一就是先展示你自己的脆弱，这就好像粗野的牛仔走进沙龙时敞开衣衫以示没有携带武器，从而使每个人都放下戒备。

布勒内·布朗在 TEDx 休斯敦做过一场关于脆弱的精彩演讲，她的开场白是这样的：

> 几年前，一位活动策划者给我打电话，因为我当时要做一场演讲。她在电话里说："我很苦恼，不知该如何在宣传单上介绍您。"我心想："这有什么苦恼的？"她说："您看，我听过您的演讲，我觉得我可以称您为研究人员。可我担心，如果我这么称呼您，会没人来听，因为大家普遍认为研究人员会很无趣，而且脱离现实。"

你已经喜欢上她了。

同样的逻辑，如果你感觉紧张，这很可能对你来说是件好事。观众很快便会感觉到你的紧张，但他们绝不会像你害怕的那样鄙视你，恰恰相反，他们会为你加油打气。必要时，我们会鼓励那些演讲嘉宾坦然接受自己的紧张。如果你感到窒息，那么稍事停顿……拿瓶水喝一小口，并说出你的感受："请给我一点时间……正如你们所看到的，我感觉有点紧张，但很快就会好的。"说不定你会赢得热烈的掌声，会有很多人希望你演讲成功。

在演讲的任何阶段，脆弱都能发挥强大的力量。TED 舞台见证的最令人震惊的时刻之一就是，当神经外科医生兼畅销书作家舍温 · 努兰（Sherwin Nuland）刚刚讲完著名的电休克治疗史的时候。电休克治疗法即严重精神疾病治疗，包括直接向患者脑部输送电流。舍温 · 努兰知识渊博、诙谐幽默，演讲生动有趣，尽管有一点可怕。可是，他突然停下来，问道："为什么我要跟你们讲这个故事呢？"他说，他想跟大家分享之前从来都没说过，也从来没写过的东西。当时全场一片寂静，你甚至听得到针掉在地上的声音。

"那是因为……大约 30 年前，我曾接受过两个疗程的电休克治疗，从而重获生命。"努兰接着讲述了自己曾患抑郁症的那段不为人知的历史，当时他的病情非常严重，以至于医生打算切除他的部分大脑。最后万不得已，他们尝试了电休克治疗法。最终，经过 20 次漫长的治疗之后，他被治愈了。

通过向观众坦诚展示自己的极度脆弱，他的演讲产生了非凡的力量。

我总是觉得自己是个骗子，因为我的读者从来都不知道我刚刚告诉你们的这些事。因此，我来到这里演讲的原因之一就是——真诚地，也是自私地——吐露我的心事，告诉你们，像我这样写过许多著作的人，也是有烦恼的。但我认为更重要的是，在座的大部分人都不到30岁，在我看来，几乎你们都正处于事业的巅峰。然而，任何事都会发生在你们身上，世事变化无常，意外会悄然发生，童年的某个记忆会来纠缠你，你可能会脱离正常轨道……如果我都能找到回归的路，相信我，任何人都能克服生命中的逆境，找到回归的路。对那些年迈之人，那些经历过艰难困苦的人们——或许他们也像我一样曾失去一切又从头再来——这样的事情看上去会很平常。无论怎样，转机总会出现，救赎总会降临，重生总有希望。

这个演讲每个人都应该看看。2014年，舍温·努兰离开了人世，但他展示的脆弱及其启示性将永远被人们铭记。

展示脆弱是演讲者可以利用的最强有力的工具之一，但任何强有力的工具都需要谨慎使用。布勒内·布朗发现许多演讲者错误地解读了她的建议，她告诉我："刻意的或编造的私密分享会让观众产生受骗的感觉，并且对你和你的信息产生敌意。脆弱并不是过度分享，脆弱失去边界就不是脆弱，而可能是任何东西，或是强烈渴望建立联系，或是刻意寻求人们的关注等等，但它不是脆弱，也不会因此建立联系。我认为鉴别真伪的最好方式是检验我们的真正意图：分享是为了舞台演讲更好呈现，还是为了卖关子？前者具有强大的力量，而后者只会让观众失去对我们的信任。”

布朗强烈建议，请不要分享不真实的故事。

“我们首先要有自己的故事，然后才能作为礼物拿出来与人分享。只有当我们的治愈和成长不依赖于观众的反应时，我们的故事才能分享。”真正的脆弱是有力量的，而过度分享则不然。如果你不信，可以找一位坦诚的朋友，试着讲给他听。

让他们发出笑声——而不是感到不安！

专心聆听演讲不是一件容易的事，而幽默是吸引观众注意力的一个非常好的方法。如果索菲·斯科特所讲属实，那么笑声的部分进化目的就是建立社会纽带。当你和别人一起放声大笑时，你们双方会产生共鸣，这是建立联系的绝佳工具。

的确，对许多优秀的演讲者来说，幽默是最好的武器。2015 年 TED 大会的最后一天，肯·罗宾逊发表了关于学校无法培养孩子创造性的演讲，该演讲视频在当年的网络点击量达到了 3500 万次。他是这样开场的：“来到这里太棒了！我已经飘飘然了，事实上，我都要飘走了。”观众发出格格的笑声，而且他们后来一直都在笑。从那一刻起，他就把我们征服了。幽默会消除观众的抗拒。从一开始就使观众发笑，你就是在巧妙地告诉他们：亲爱的朋友，请跟随我的脚步，我会让你看到有趣的风景。

那些跟你一起笑的观众很快就会喜欢上你。如果有人喜欢你，他们就会认真聆听你的演讲。笑声会冲开人们的防线，这样，你就有机会跟他们真诚交流。

演讲开始时的笑声还有一个大大的好处：这是一个明显的信号，表明你在建立联系。莫妮卡·莱温斯基告诉我，她在发表 TED 演讲的时候一直都很紧张，直到观众发出笑声的那一刻。如果这对演讲者是一个信号，那对现场的每个人都是一个信号。笑声意味着，观众已经与演讲者结为同盟。这样，每个人都会更加专注。

令人惊讶的是，有些优秀的演讲者不惜花费许多时间来建立联系。在上述肯·罗宾逊的案例当中，几乎前 11 分钟他都在讲令人捧腹的与教育相关的故事，而这些故事对他的主题推进并无太大的作用，但在他与观众之间建立了一种神奇的纽带。我们在想：好有趣啊！我从来都没想到教育话题会如此有趣。你太棒了！我会紧紧跟随你的脚步。当他最终转入正题，开始探讨学校教育当中创造性缺失的问题时，我们仔细聆听着他的每一字每一句。

无独有偶，布赖恩·史蒂文森在关于不公正的精彩演讲当中，花了足足四分之一的演讲时间，讲了他的祖母劝他不要饮酒的小故事。这个故事让我们开怀大笑，突然之间，我们与他之间建立起深刻的联系。

需要注意，花那么多时间去讲幽默故事而且效果良好，那是一种特殊才能，所以对大多数人我们都不建议。但如果你能讲一个让人会心一笑的小故事，它或许会让你接下来的演讲更加顺畅。

漫画科幻作家罗布·里德（Rob Reid）为我们提供了另一种幽默：讽刺。自始至终他的语气都很严肃，声称是在认真分析“数学”。但一两分钟之后，人们开始意识到，他实际上是在嘲笑著作权法中非法下载一首歌曲相当于偷盗15万美元的荒谬之处。观众开始发出格格的笑声，很快就大笑不止。

当然，这种幽默并不总是奏效。几年前，有一位TED演讲嘉宾讲了许多关于他前妻的滑稽故事，他自以为那些故事非常有趣。观众席当中有一两个人忍不住笑出声来，而其他人觉得非常尴尬。还有一次，一位演讲嘉宾试图用他想象中引文作者可能会说的方言来再现他演讲中的每一段引文。或许他的家人会认为这很亲切，但在公共舞台上，这只会让人尴尬。（除非你特别有才，否则我强烈建议避免使用方言，除了你自己的方言！）

30年前，演讲当中充斥着与性别、种族和身体残疾等相关的笑话。千万不要这么做！世界早已发生改变。

幽默是一种技术性的艺术，并非所有人都能够驾驭。笨拙的幽默还不如不幽默，从网上下载的笑话很可能会适得其反。你真正要寻找的是与演讲主题直接相关的有趣而真实的故事，或者是巧妙而幽默的语言表达。

我们团队中最有趣的人是汤姆·里利，他负责我们的伙伴计划（fellow program）。几年来，他一直都在做演讲会结束后的致辞，他的致辞总能使人开怀大笑。以下是他的建议：

1. 讲一些与演讲主题相关的趣闻逸事，其中的幽默要非常自然。最好的幽默来源于对周围事物的细心观察，然后夸张地呈现出来或重新组合。

2. 准备一段有趣的话，以备在你说错话、音频或视频出现问题或者鼠标发生故障的时候使用。观众一直都在那里，这样你很快就会赢得他们的好感。

3. 你可以在视觉资料中融入幽默的元素，或者通过你所说内容和你所展示内容之间形成的反差来制造幽默，这样也会营造出欢乐的气氛。

4. 使用讽刺手法，即说反话，然后表明你的意图。但是，恰当使用这种方法比较难。

5. 把握时机非常重要。如果观众开始大笑，你必须给他们时间，这样就需要稍停片刻，又不能表现得你是在索要掌声。

6. 重要提示：如果你不善幽默，那就不要强求。对你的家人、朋友或同事讲讲你的幽默故事，他们笑了吗？如果没有，那就改一改或者弃之不用。

要避免的危险（甚至对那些生来就具有幽默才华的人来说也要避免）：

1. 粗俗的话语或攻击性的语言千万不要用，因为你不是在一家深夜喜剧俱乐部发言。

2. 打油诗或其他貌似滑稽的诗歌。

3. 双关语。

4. 讥讽。

5. 冗长。

6. 所有跟宗教、种族、性别或政治相关的幽默。那些团体的成员或许可以使用，但其他人绝不可尝试。

上述做法在适当的场合下是可行的，但必然冒着彻底失败或冒犯他人的风险。不论观众因为哪种原因而感到不满，演讲嘉宾都很难再赢得他们的信任。

如果你需要做大量的公共演讲，那你就有必要为此付出努力，找到适合你的独特的幽默方式。如果找不到，也不必焦虑，因为并非所有的人都擅长于此。其实，还有许多其他方法，可以用来与观众建立联系。

放下自我

你愿意向一位过于自我的人敞开心扉吗？没有比演讲者的自吹自擂更有损于演讲了。如果这种现象发生在演讲初期，那就需要谨慎处之。

我依然清晰地记得多年前的一次 TED 演讲，演讲嘉宾的开场白是这样的："在我成名之前……"那一刻，就在那一刻，你便知道他的演讲不会成功。演讲嘉宾依然沉浸在新近商业成功的喜悦之中，我们接着会听他讲述所有相关的细节。在我的记忆中，那是唯一一场被嘘声打断的 TED 演讲。嘘！即使你真的是个天才，是个超级运动员，是个无所畏惧的领袖，也最好让观众自己去发现。

TED 演讲嘉宾萨尔曼 · 汗说得非常好：

> 做你自己。最糟糕的演讲是演讲者试图成为他本不是的一个人。如果你生来愚笨，那就愚笨好了。如果你生来感性，那就感性好了。唯一的例外是，假如你傲慢，以自我为中心，那么你一定要假装成为另一个人。

有些演讲者使用幽默进行适当的自我贬低。

丹 · 平克（Dan Pink）是一位富有才华的演讲嘉宾，他关于动机的演讲点击量高达 1 000 万次。他看上去有点过分自信地走上台，并用过于刺耳的声音开始演讲。但在他讲了几句话之后，我们就完全被他征服。他是这样说的：

> 首先，我要在这里向大家坦白一件事。20多年前，我做了一件至今仍后悔不已的事情，一件我并不特别引以为傲的事情，一件在许多方面我都希望没有人会知道的事情，但在这里，我不得不坦白交代。20世纪80年代末，在我年少轻狂的时候，我上了法学院。

非常棒。不管怎么说，我们喜欢上了他。

自嘲，如果用得好，会产生很好的效果。托尼·布莱尔是这方面的高手，他常常使用自嘲去赢得可能怀有敌意的观众的支持。在当选英国首相之前，有一次他讲了一个故事，而这个故事——他抱歉地说——或许会让人们担心他是否有能力执政。故事讲，他有一次去荷兰访问，在与政要人物用餐时，遇到一位穿着讲究的50多岁的女人。她问他是谁。“托尼·布莱尔。”“你是做什么的？”“我领导英国劳动党。”他问她是谁。“比阿特丽克斯。”“那你做什么呢？”“我是女王。”如果换一位演讲者，一定会借与荷兰女王共进晚餐来抬高自己的身家，那很快就会失去观众。通过有意地贬低自己，布莱尔不仅赢得了笑声，而且赢得了爱戴与信任。

自我会以多种不同的形式出现，而那些习惯于成为关注焦点的演讲者或许会对此视而不见。

- 抬高身份
- 以炫耀为目的而有意设计的故事
- 卖弄自己或自己的公司所取得的成就
- 整篇演讲都以自己为中心，而不是分享他人可以受用的思想

我想让你回到演讲的基本原则，要记得你演讲的目的是分享思想，而不是自我推销。但即使是这样，你依然会迷失。内省可能会有点难度，每一位领袖人物都需要一个他信得过并可以给他真诚回馈的人，这个人不害怕在必要的时候打击或冒犯你。如果你因为最近取得的成就而感到骄傲，那你一定要对那个你信任的人进行试讲，然后给他机会告诉你："在某些方面来说这很好，但说实话，你太自以为是了。"

讲故事

讲故事非常重要，下一章我们将对此进行专门讨论，但讲故事最重要的功能之一就是与观众建立联系。

我们生来爱听故事，故事很快就能激发人的兴趣、共鸣、情感与好奇，很好地搭建演讲的背景，从而引起人们对主题的关注。

好故事可以出现在演讲的任何部分，可以在初始部分，可以在中间阐释部分，也可以在结尾部分。

埃内斯托·西罗利（Ernesto Sirolli）想做一场如何更好地开展非洲发展援助计划的演讲。如果你要发表这样一个棘手的演讲，最好首先与观众建立联系。他是这样讲的：

> 我们的第一个计划是……我们意大利人决定教赞比亚人怎样种植粮食。于是，我们带着意大利的种子来到赞比亚南部这个延伸至赞比亚河的美丽河谷，教当地人如何种植意大利西红柿、西葫芦……当然，当地人对此毫无兴趣……让我们惊讶的是，在这样土壤肥沃的河谷中，当地人不想种任何农作物。我们并没有问他们为什么不种任何农作物，只是说："感谢上帝我们来到这里，来得正是时候，可以让赞比亚人不会因为饥饿而死。"当然，在非洲所有的作物都长得非常好。我们种出了漂亮的西红柿……简直令人无法相信。我们对赞比亚人说："瞧，种植农作物就这么简单。"当西红柿长大成熟变红之时，一夜之间，200多头河马从河里出来，把西红柿吃了个精光。我们对赞比亚人说："上帝呀，河马！"赞比亚人说："是的，这就是我们这里不种庄稼的原因。"

当你把幽默、自嘲和智慧融入一个故事中的时候，就已经成功了一半。

与观众建立联系的最好的故事，是那些关于你个人或关于你亲近的人的故事。那些关于失败、尴尬、不幸、危险或灾难的故事，如果被真诚地讲述出来，听众的兴趣往往会大大增加，他们开始分享你的情感，开始在乎你，开始喜欢你。

但要当心，有些故事可能会过于浮夸或矫饰。当你讲述如何巧妙地扭转乾坤获得巨大成功时，你远远不是在建立联系，而是将观众推得更远。当你在演讲结束时从口袋里拿出大儿子的照片，说他被查出患有致命疾病，并说你的演讲是献给他的，这只会让观众感觉不舒服，而不是同情你。

这里的指导原则就是真诚。讲故事的你是真实的自己吗？一种好的测试方法是，想想你是否愿意把这个故事讲给一群老朋友听。如果是，又会怎样讲？朋友能很好地辨别虚假的故事，观众同样如此。只要做到真实，你就不会偏离太多。

这个建议适用于以联系为主题的整个这一章。有时候我把这些建议称为工具或技巧，但重要的是，不要只把它们作为工具或技巧，而是真正建立联系的一种意愿。你是人，听众也是人，所以，把他们想象成朋友，并向他们伸出双手。

啊，政治

在这一章结束之前，我必须悲叹建立联系的最大障碍：派系思想。不论在政治、宗教还是种族当中，那些完全排斥你所表达的思想的人至少是具有挑战性的。

我此前提到托尼·布莱尔是否激怒了你？在执政几年之后，尤其是因为他对伊拉克战争的支持，一些人开始憎恨他，以至于只要提到他的名字就会激起他们的愤怒。对他们来说，前面的例子就显得很不合适，其中的解释性目的也应不予考虑。

政治是这样，宗教同样如此。有些观念根深蒂固，如果演讲者对此表现出质疑或反驳，人们就会进入不同模式。他们开始拒听，心生愠怒。

这是一个非常重要的问题。阿尔·戈尔在 2005 年发表的演讲是近些年来最重要的公共演讲之一，它被拍成纪录片《难以忽视的真相》，呼吁人们关注全球气候危机。他充分利用了各种演讲技巧：漂亮的幻灯片、缜密的逻辑思维、辩论术、幽默、有力的主张、对相反意见的深刻嘲讽，甚至还包括一个关于他女儿的感人故事。当他在一个非正式的 TED 会议上做这个演讲时，深深地触动了许多与会者，有些人甚至辞去工作，致力于解决气候危机问题。

但有一个问题：阿尔·戈尔是一个政客，其所在国家党派界线分明，国民的派别直觉构筑起几乎坚不可摧的屏障，抵制不同派别的主张。一半国民与戈尔建立起更深的联系，支持《难以忽视的真相》，他们的世界观发生了永久改变。而另一半国民却从未与他建立联系，因而对此完全排斥。戈尔作为政治家提出这样的主张，就意味着它不会是真的。10 年之后，气候问题依然是个政治问题，一个本该属于科学范畴的问题悲剧性地变成政治联盟的工具。（如果迪克 · 切尼或卡尔 · 罗夫倡导关注一个重要的全球问题，有可能同样的事也会发生在激进派身上。）

政治（及宗教）派别之间的不可对话性导致的危害是现代世界的悲剧。当人们不想聆听或不愿聆听的时候，交流就不可能发生。

如果你想接近那些与你持相反意见的人，唯一的方法就是尽可能设身处地地为他们着想，不要使用那些会触动其派系敏感神经的语言，而是通过他们的眼睛去看世界，使用这里提到的每一种工具，以共同的人性为基础与他们建立联系。

值得庆幸的是，大部分演讲观众都非常友好，你很容易与他们建立联系，你的演讲也会大受欢迎。

第六章
叙述：故事的强大魅力

故事有助于我们成为我们自己，这是真的。考古学和人类学的有力证据表明，人类的心智与讲故事是同步发展的。

大约 100 万年前，我们的祖先开始掌握了对火的使用，这对他们的进化发展具有深远的影响。火可以取暖，可以抵御猎食者，可以用来烹饪，还可以促进我们大脑的进化。除此之外，火还有一些别的益处。

火是建立社会纽带的一种新媒介。夜幕降临之时，温暖的火光把人们聚集到一起。这一幕在过去 30 万年前所有的狩猎—采集文明中似乎都曾经发生过。

在这样的时刻，他们聚集在一起干什么呢？在许多文明中，似乎有一种社会交流开始盛行：讲故事。

人类学家波莉 · 维斯纳（Polly Wiessner）花了 40 年的时间研究一些古老文明，定期记录谁说了什么以及什么时候说的。

2014 年，她发表了一篇论文，以揭示白天与夜晚集会之间的显著区别。白天的话题，即使有更多人参与，也是聚焦于经济及社会问题。到了晚上，人的心情开始变得放松，就会有唱歌、跳舞、仪式活动等，但大多数时间用来讲故事，这些故事把人们带到火堆边，走进聆听者的内心。有些故事讲述活着的人，有些讲述去世的人，有些关于现在，有些关于过去，有些让人欢笑，有些让人紧张或害怕，有男人们讲的故事，也有女人们讲的故事。故事明星常常是老者，有时他们虽然已经视力不济，但依然因其精彩的故事而受到人们的尊敬。

维斯纳教授告诉我，这些故事在扩大人们想象的能力、梦想的能力以及理解他人内心的能力方面发挥着重要作用，使人类能够探索广阔的社会网络，建构远远超出其本地社会团体边界的想象共同体。故事也为优秀的讲故事者带来崇高的社会地位，为听众带来实践可行的智慧。（比如，专心聆听者能够学习如何避免故事中所描述的危及生命的险境。）因此，随着现代人类的发展，那些叙述技巧及聆听技巧被选择性地传承下来。

所以，我们不仅喜欢听故事，故事还有助于我们形成分享信息及接受信息的恰当方式。

当然，故事的力量绵延至今，数十亿美元的小说、电影及电视产业就是有力的明证。

许多精彩的演讲都以叙述故事为主，这不足为奇。与深奥的阐释或复杂的论点不同，每个人都会讲故事，故事通常都有一个简单的线性结构，容易理解，你只需跟随讲述者踏上旅程，一步一步向前。由于人类走过漫长的篝火会的历史，我们的内心能很好地追踪故事的线索。

当然，你在聆听故事的时候，会与故事中的人物产生共鸣，而且发现自己也陷入他们的思想和情感纠葛中。事实上，你会真切地感受到他们的喜怒哀乐，关注故事的结局，你的注意力被牢牢抓住。

精彩故事的要素有哪些？经典的模式是：一位怀有使命的主人公遇到意料之外的障碍并陷入危机，他试图克服障碍，继而故事发展至高潮，直至结尾（其中或许会有一些插曲和情节转换）。

说到在舞台上分享故事，请牢记四点：

- 故事要有一个引起听众共鸣的主人公。
- 通过激发兴趣、制造悬念或危险等形成故事的张力。
- 适当提供细节。如果细节太少，故事会显得不够生动，如果太多则会显得拖沓冗长。
- 要有令人满意的结局，或有趣、或感人、或给人启迪。

当然，这一切都在于故事的叙述过程，因此，要精心设计你的故事。通常，我们会在故事里塞进那些对我们来说十分重要的细节，尤其是那些我们亲身经历的故事，但观众并不需要了解这些细节。或者更糟的是，我们忽略了一个重要背景，如果没有这个背景，故事将毫无意义。

下面是一则好故事：

在我8岁的时候，有一次，父亲带我去捕鱼，当时我们乘着一条小船。当暴风雨来临的时候，我们距离海岸有5英里远。父亲给我穿上救生衣，在我耳边悄悄说："孩子，你相信我吗？"我点了点头。他把我推下水。（稍停）我不是在开玩笑，他真的就那样把我推了下去！我落入水中，便浮出水面，感觉呼吸困难。海水刺骨的冷，海浪汹涌，太可怕了。然后……父亲紧跟着我跳入水中。我们惊恐地看着我们的小船翻转沉没，但父亲自始至终都紧紧抱着我，告诉我不会有事的。15分钟后，海岸警卫队的直升机来了。后来我才明白，父亲因为知道我们的小船已损坏，即将沉没，便向海岸警卫队求救，并告诉他们我们的确切位置。他想，与其冒着船翻沉后被困的风险，不如把我抛到开阔的海面上。就这样，我懂得了"信任"一词的真正含义。

下面是不可取的叙述方式：

在我8岁那年，我和父亲出外捕鲭鱼时被困在暴风雨中，那时我从父亲身上学会了什么是信任。在暴风雨来临之前，我们没有捕到一条鱼。父亲知道我们的小船即将沉没，因为那是一条“土星”牌充气船，这种船一般来说都非常结实，但那条船曾经在暴风雨中受损，父亲猜想这有可能还会发生。总之，暴风雨太猛烈，已经超过充气船的承受能力，船开始漏水。于是，父亲向海岸警卫队求助。不像现在，他们那时每天 24 小时服务。他告诉他们我们的位置，然后，为了避免被困水下的危险，他给我穿上救生衣，把我推到水中，接着他自己也跳下去。之后，我们就等着海岸警卫队的到来。当然，15 分钟后直升机就出现了——我想那是一架西科斯基 MH-60 猎鹰飞机——我们最终安然无恙。

第一个版本的故事中有你喜欢的人物和充满张力的戏剧性，而在这一切被巧妙地揭示之前，故事的铺陈似乎令人难以置信。第二个版本的故事则是一团糟，由于过早地揭示父亲的意图而扼杀了故事的戏剧性；没有描述孩子真实的体验；有太多不相关的细节，而忽略了一些必要的细节，如大浪。最糟糕的是，故事的核心语句“孩子，你相信我吗？”没有出现。如果你要讲一个故事，你一定要知道为什么讲，删除所有与主题无关的细节，但还要保留足够的细节，以便人们更好地想象发生的事情。

有些精彩的演讲就围绕一个故事，这种结构对演讲者大有裨益：

- 主线清晰。（这就是故事的叙事线索。）
- 如果故事引人入胜，就会在观众中引起强烈反响。
- 如果故事是你亲身经历的，那么在某些你感受非常深刻的部分会引起听众的共鸣。
- 你要讲述的内容很容易记住，因为结构是线性的，而你的大脑在逐一回忆事件的时候会非常轻松惬意。

因此，许多演讲者都会循着这样一条演讲线索来分享他们的故事，这是最简单、最容易准备的演讲模式，操作起来会比较轻松。你熟悉你的故事，当然比在场任何人都更加了解相关的信息。

如果你的演讲之旅非常精彩，你的叙述也前后连贯，那么这类演讲就会非常成功。

但其中也存在一定的风险。要知道演讲的目标是给予，而个人的故事有时不会产生这样的效果。故事或许会激发或增强演讲者的自我，而不会自动给予观众一些受用的东西，如见解、信息、视角、背景或希望。

这真的非常遗憾。我们拒绝 TED 演讲申请最主要的原因之一就是，我们听到的只是有趣的逸闻趣事，却没有贯穿叙事的中心主题。这是非常痛心的，因为演讲者往往都是优秀的人，但如果演讲没有主要思想，就会错失良机。

需要做出的重要改变就是巧妙地设计你的演讲之旅，将关键点都串联起来，使人能理解其中的意义。否则，即使你的故事非常感人，你的演讲也会显得松散且有自恋之嫌。不过，假如旅行揭示了某种你所领悟到的深刻意义，而你在旅行的每一程都显得谦逊、真诚且不乏脆弱，那我们会非常乐意跟你一起完成这段旅程。

在讲自己的故事时，还有一个关键要素：真实。这看似很明显，但演讲者有时会容易夸大甚至虚构。正因为故事会产生巨大的影响力，他们想把自己或他们公司最完美的形象呈现给大家，有时不免跨越真实的界线，而这最有损演讲者的声誉。当公开演讲时，会有千千万万双眼睛看着你，只要有一个人发现其中的不妥，你就会陷入困境。因此，这样的冒险是不值得的。

当你从别人的立场出发去讲述真实的故事时，会给观众意外的惊喜。

心理学家埃莉诺·朗登（Eleanor Longden）愿意公开分享自己的故事：读大学时，她开始在脑海里听到某种声音。后来，她被查出患有精神分裂症，被送进精神病院，几近自杀。不但故事本身非常精彩，而且从她的讲述中，你能够获得关于精神分裂症等精神疾病的启迪和智慧，并且对此类疾病有了全新的认识。以下是她演讲的结尾部分：

> 最令人欣慰的事，莫过于帮人自我疗愈：见证一切，伸出援手，分担痛苦，并抱定他们康复的希望。同样，我还要对那些历经磨难的人说，我们不必永远沉浸在过去经历的灾难与痛苦当中，我们是独一无二的，是不可替代的。我们的初心永远都不会改变、扭曲或丧失。光明永存。

探险家本·桑德斯（Ben Saunders）曾经历过南极长途冒险旅行，其间险些丧命。他是一位讲故事的高手，讲故事的同时还展示了许多漂亮的照片。当故事接近尾声的时候，我们满怀期望地等待冒险家向我们提出通常都会听到的告诫，鼓励我们走出去，迎接所有的挑战，从而发现真正的自我。但让我们吃惊的是，他跟我们分享了一些在旅行过程中经历的暗淡时刻，他说多年来一直梦想的目的地并不比旅途本身更加令人向往。你得出的启示是什么？不要把你的幸福寄托在未来。

> 如果我们总是抱怨此时此刻，抱怨在旅途中遇到的麻烦、困难或险境，抱怨尚未完成旅行计划，以为下一次会更好，那么我们或许永远都不会感到满足。

作家安德鲁·所罗门（Andrew Solomon）讲述了他幼年时遭受侮辱的故事，这种侮辱甚至发生在他作为同性恋出柜之前。他把这个故事变成了一篇关于身份的精彩演讲，每个人都可以产生共鸣并从中受益。

总有人想要毁灭我们的人性，也总是有故事可以将其修复。如果我们勇敢地生活，就能彻底战胜仇恨，扩展我们的生命。

肯·罗宾逊的故事揭示了孩子创造力的重要性。他描述了20世纪30年代的一位医生，他注意到一个学习成绩很差的小女孩有着强烈的跳舞欲望，他并没有为她治疗，而是劝她妈妈送她去舞蹈学校。这个女孩就是吉莉安·林恩，后来成为安德鲁·劳埃德·韦伯音乐剧中优秀的舞蹈家。肯·罗宾逊用他独特的方式讲述了这个触动人心的故事，揭示出学校对待孩子创造力的方法存在问题，亟待改进。这个故事让我们透过纷繁的事实，获得了重要的启迪性思想。

寓言的力量

有些故事被精心设计成一种暗喻，这类故事就是：寓言。

传统上，所谓寓言就是蕴含道德或精神教诲的故事，历来的宗教导师都会有效地运用这种工具。我想大家一致认为耶稣的故事比肯·罗宾逊的故事更有启发性，但我们能扩展“寓言”这一词语的含义，使其涵盖所有具有暗喻力量的故事。

法学教授劳伦斯·莱斯格（Lawrence Lessig）便是一位

优秀的寓言大家。2013 年他来到 TED，指出美国的政治程序已经完全被金钱腐蚀。他让我们想象一个名为“莱斯特国”（Lesterland）的愚蠢国家，在这里，只有名叫莱斯特的人才有选举权。这显然很荒谬，但随后他指出，在美国名叫莱斯特的人几乎与重要的政治创建者同样多，而国会议员享有主要由那些创建者设定的特权。这样一来，只有那些创建者的观点和选票才是最重要的。在这则寓言中，我们都是生活在“莱斯特国”的人。

作家马尔科姆·格拉德威尔（Malcolm Gladwell）也擅长运用寓言——从他著作的惊人销量以及他 TED 演讲的点击量中就足以看出这种寓言的力量。不管你信不信，他最受欢迎的一次演讲是关于开发新意大利面酱的故事。他把这个故事用作智慧的寓言，启迪人们：不同的人想要的东西截然不同，但往往不知如何用语言表达他们想要的东西，除非你找到正确的问题向他们提问。

这些演讲中令人称道的是它们从故事当中提取意义的方式。你不希望强求观众必须接受你的故事得出的结论，这有辱他们的智商，但你的确需要确保讲述当中有足够的信息，使观众能联系每个节点，所以很好地了解观众至关重要。对那些了解你的领域的观众来说，寓言或许会很有效，但对那些不太了解你的观众来说，就需要较为清晰的阐述。对着某个了解观众的人试讲，看看你的演讲是否清晰而又不笨拙，这非常重要。

使用寓言也会存在一些风险。有时寓言的使用并不十分恰当，可能产生误导而非启迪，或者你可能花费太多的时间在讲述故事，却没有从中得出有意义的结论。然而，如果使用得当，寓言给人愉悦的同时，还能传递信息、启迪智慧。

故事还提供了另一个强大的功能：解释。就此而言，故事通常不是演讲的核心，更多的是对观点的支持，演讲者通常会插入一则小故事，用以说明或强化自己的观点。我们将在下一章深入讲解这种故事的使用方法。

同时，请记住一点：故事可以引发共鸣。通过讲故事的方式，能大大增强你与观众之间的联系。但是需要注意：务必赋予你的故事一定的意义。

第七章
解释：如何解释艰涩的概念？

哈佛大学心理学家丹·吉尔伯特（Dan Gilbert）来到 TED 有一个艰巨的任务：他计划在简短的演讲中解释一个叫作“合成幸福”（synthesized happiness）的概念，以及合成幸福为什么会引导我们做出关于自己未来的毫不准确的预测。

我们来看看他是怎样做到的，以下是他的开场白：

> 相对于 21 分钟的演讲来说，200 万年显得极其漫长。

这样一个基于此时此地的开场白，立即引起人们极大的兴趣。

> 然而，从进化的角度来说，200 万年只是一瞬间。不过，在 200 万年的时间里，人类大脑容量几乎增长了两倍，最初我们的祖先能人的大脑是 1.25 磅，现在我们在场每一

位观众两耳之间的大脑将近3磅。为什么大自然这样迫切地想让我们每个人都拥有这样巨大的大脑？

你是否感到了一些好奇的火花？这是成功解释的第一步。一旦被吸引，内心就会打开，想要吸纳新的思想。

吉尔伯特继续说道：

> 容量增长一倍以后，大脑不仅在体积上有了改变，在结构上也发生了变化。我们的大脑变得如此之大，一个主要原因是它有了一个新的部分，叫作前额皮质。是什么让前额皮质成为人脑中如此重要的一部分？

在继续激发我们好奇心的同时，吉尔伯特开始解释他抛出的第一个概念：前额皮质。

> 前额皮质最重要的功能是，它是一个经验模拟器。飞行员通过在飞行模拟器中训练，来避免在真实飞行中产生失误。人类具有惊人的适应性，能在大脑中体验未曾真实经历过的事物。我们的祖先没有这种本事，其他动物也没有，这是一种神奇的适应性。它与对生拇指、直立行走和语言一道，使得我们从树上进化到了购物中心。

伴随着幽默的语言，我们不知不觉间理解了另一个很酷的新概念：经验模拟器。这是一个重要的基础概念，丹·吉尔伯特用一个简单的比喻——飞行模拟器对它进行解释。我们已经知道飞行模拟器是什么，所以不难想象经验模拟器是什么。举个例子能讲得更清楚吗？是的，可以。

> “本杰瑞”冰激凌店没有“肝与洋葱”口味的冰激凌，这不是因为他们试做了一些，尝了尝，然后说“真难吃”，而是因为，你不必离开座位，在制作前就能模拟出那种味道有多难吃了。

用一个简单生动却非常有效的例子，你就完全懂了。不过，现在演讲又发生了有趣的变化。

> 我们来看看经验模拟器是如何运作的。在我继续演讲之前，我们先做一个快速测试。我想让你们想象两种不同的未来，你们可以模拟它们，告诉我你更喜欢哪一个：一个是彩票中奖，另一个是截瘫。

观众笑了，但有点紧张，不知道接下来还有什么。接下来是一张令人惊讶的幻灯片。吉尔伯特向我们展示了一组数据，表明不论是彩票中奖还是截瘫，在一年之后，两组人同样幸福。什么?! 这不可能。“经验模拟器”这一很酷的新概念突然让人摸不着头脑了，令人困惑。展示给你的事实无法理解，你发现了自己的知识缺口，你的内心渴望填满它。

所以吉尔伯特继续讲解，用另一个新的概念来填补它。

> 我的实验研究……显示出一些结果令我们大为惊讶，我们称之为“影响偏差”，即人脑的模拟器有犯错的倾向……模拟器会夸大事物的不同结果，而这些结果实际上未必有多么不同。

通过定义“影响偏差”，其中的奥秘似乎变得更加可信，但我们的好奇心却被撩拨得更加强烈，想要弥合这一知识缺口。难道我们真的会如此错误地判断我们未来的幸福？吉尔伯特利用我们的好奇心来逐一揭示他的重要概念。

> 从田野调查到实验研究，我们都发现，不论中彩票还是截瘫，不论获得爱情与否，不论获得晋升与否，不论通过考试与否，等等等等，其结果对我们的影响、影响持续的时间，都小于我们的想象。这几乎给我当头一击——最近我们“重大生活挫折如何影响人们”的研究表明，发生在三个月之前的重大挫折，对你现在的幸福几乎没有任何影响，只有个别例外。
>
> 为什么？因为幸福是可以人工合成的！……人类拥有一种所谓的心理免疫系统，这是一种认知过程系统，在很大程度上是一种无意识的认知过程。这种认知可以改变人们对世界的看法，让人们感到自己的生活很美好。

就这样，“合成幸福”的概念便一目了然，它建立在前额皮质、经验模拟器和影响偏差的概念基础之上。为了讲得更清楚，吉尔伯特使用了另一个比喻，即免疫系统的比喻。你知道什么是免疫系统，所以也就不难想象什么是心理免疫系统。这个概念并非跳跃性地给出，而是一点一点地，用比喻作为引导，揭示出每一点是怎样彼此联系在一起的。

即便如此，或许我们仍然不能完全信服。所以，吉尔伯特给我们举了一系列心理免疫系统发挥作用的例子，从而让我们相信他所说的是事实：

- 一位遭受耻辱的政治家感激他的失败。
- 一位被误判的囚犯将他 37 年的牢狱生活描述为“荣耀体验”。
- 被披头士四人组拒绝的鼓手彼得·贝斯特说过一句著名的话：“如果我曾有幸加入披头士乐队，也不会比现在更幸福。”

这些例子的确阐明了他的观点。吉尔伯特继续解释，这一现象为何在任何地方都能发现？如果你能认识到这一点，如何才能过一种更明智、更幸福的生活？归根结底，当我们自身有能力制造我们渴望的产品时，为什么还要追求幸福？

至此，我们已经吸纳了足够的信息来揭示有效解释的核心元素，再来回顾一下：

第一步：从听者的角度出发。“相对于21分钟的演讲来说……”，这句话不论在现实意义上，还是在概念上，都没有关于心理学或神经学知识令人生畏的假设。

第二步：点燃“好奇心”。好奇心会使人们追问“为什么”或“怎么样”，这是因为人们对某些事物不理解，认为存在某种知识缺口需要填补。吉尔伯特一开场就激发起人们的好奇心，之后又出其不意地用截瘫和中彩票的数据来戏剧性地撩拨这种好奇心。

第三步：逐一介绍概念。如果要让你了解重要概念，那首先要介绍这一重要概念所依据的知识点，如其中的“前额皮质”“经验模拟器”和“影响偏差”。

第四步：使用暗喻。运用“飞行模拟器”“心理免疫系统”这样的比喻来阐明他所讲解的概念。为了清晰地解释，必须引出令人困惑的事实，并且在人们与关于世界的既有认知模式之间建立起联系。暗喻和类比是这方面的重要工具，有助于进行解释，直到使观众了然于心，频频点头。

第五步：使用例子。如彼得·贝斯特这样的小故事，能使解释清晰到位。这就像对大脑说：你觉得能理解这个概念吗？那么把它运用到这些事实当中，如果合适，你就掌握了。

聆听了他的解释之后，我们对世界的认知发生了改变，变得更丰富、更深刻、更真实，从而能更好地看待现实。

解释，是有意识地向人们的认知模式增加一种新的元素，或者以一种更好的方式对现有元素进行重新排序。就像我所说的，如果伟大演讲的目的是在某人内心建构一种思想，那么解释就是达成此目标的重要工具。

许多优秀的 TED 演讲嘉宾之所以伟大，就是因为他们能做出行之有效的解释，他们所馈赠的礼物有一个美丽的名字：理解。我们可以将其定义为对一种世界观的提升，从而使人更好地看待现实。

从神经科学到心理学再到教育理论，都有大量不同的证据表明，理解是层层递进的，每一层都是建构上一层的基础。我们从自己已知的地方开始，一点一点地增加，通过使用已掌握的语言对每一部分进行搭建，并用比喻和例子作为支撑。人们利用比喻勾勒出新概念的“形状”，从而大脑就知道如何有效地理解它。如果没有这一“形状”，人们就无法正确理解这些概念。因此，设计演讲的重点就是，恰当地平衡你所解释的概念与用以理解概念的例子和比喻之间的关系。

辞典编纂家艾琳 · 麦基恩（Erin Mckean）提供了一个很好的例子，用于揭示比喻的力量。

> 如果你要对普通观众做一个关于 JavaScript 的讲座，你可以这样解释：人们常常有一种认知模式，认为计算

机程序是一套指令，一个一个地被执行。但在脚本语言 JavaScript 当中，指令或许是不同步的，这意味着你无法确信第五行将在第四行之后出现。想象一下，如果你早上穿衣服时，先穿鞋子再穿裤子（或者先穿裤子再穿内裤）是什么情形！在 JavaScript 中这种情形就会发生。

只是一个简单的比喻，就让人豁然开朗。

如果你演讲的核心是解释一个重要的新概念，以下这些问题非常有用：你认为观众知道什么？你的相关主题是什么？你用来辅助解释的必要概念是什么？你会使用什么样的比喻和例子来阐释概念？

知识的诅咒

不过，回答上述问题并没有那么容易。我们都有认知偏见，经济学家罗宾·霍格思（Robin Hogarth）称之为“知识的诅咒”。简言之，我们总是忘记“不了解我们所熟知的东西”是什么感觉。一位物理学家时刻都在呼吸亚原子微粒，他或许理所当然地认为其他人都知道什么是夸克。在最近一次酒会讨论中，让我感到惊讶的是，一位富有才华的年轻小说家问我：“你一直在使用‘自然选择’一词，这究竟是什么意思？”我以为只要受过一点教育的人都会知道进化论的基本概念，但我错了。

在《风格意识：21 世纪思想者写作指南》（*The Sense of Style: The Thinking Person's Guide to Writing in the 21st Century*）一书中，史蒂芬·平克指出，克服知识的诅咒或许是优秀作者进行清晰表达的最重要的前提。如果作者不克服知识的诅咒，读者就要时时停下来反复阅读一个句子，之后再继续。对于写作是这样，那么对于演讲更是这样。平克指出，只是意识到这一偏差还不够，你必须请朋友或同事浏览你的文稿，请他们对任何不理解的地方给予真实的反馈。这同样适用于演讲，尤其是那些旨在解释某些复杂事物的演讲。首先与同事或朋友分享演讲草稿，然后面向一位私人听众进行试讲，并向其提出一些具体的问题：能听懂吗？是否有不理解的地方？

长期以来，我一直都非常欣赏平克能够解释我们的内心机制，所以我请他再给出一点建议。他告诉我，为了让别人理解，必须传递一种思想完整的层级结构。

> 认知心理学的一个重要发现是，长期的记忆依赖于对内容的连贯的层级构建——环环相扣。演讲者面临的挑战就是，使用基本上是一维的语言媒介（逐字逐句）去表达多维（层级分明且相互交叉）的结构。演讲者最初在脑海中有许多概念，借助语言的特质，他必须将其转化成一连串语句。

这一过程必须非常谨慎，要追究每一个句子以及句子之间的连接。演讲者必须确保听众知道每个句子是如何与前一个句子建立逻辑关系的，两者之间是相似、相反、阐释、例示、归纳、承接、因果关系，还是违背逻辑。他们必须知道正在思考的这个部分是插入式叙述、主要观点的一部分，还是主要观点的例外情况，等等。

如果把一个解释性演讲的结构想象成一条附有其他元素（趣闻逸事、示例、扩展、题外话、说明等）的中心主线，那么总的来说，这样的结构看上去就像一棵树，主线是树干，树枝是附着其上的不同元素。为了让听众理解，关键是让听众知道自己位于树上的哪一部分。

这往往是知识的诅咒最致命的地方。虽然每个句子都是可以理解的，但演讲者却忘记告诉大家句子之间是如何联系在一起的。对他来说，这显而易见。

举例如下，一位演讲嘉宾说：

> 黑猩猩要比人类强壮得多。人类学会如何使用工具，从而增强其自然力量。当然，黑猩猩也会使用工具。

观众感到迷惑不解，演讲者究竟想表达什么观点？或许演讲者试图论证工具比力量更重要，但又不想指出黑猩猩从来不使用工具。或者，黑猩猩现在能学习如何增强它们本已十分强大的力量。这三个句子之间没有任何关联，结果令人不知所云。

可用以下版本之一来代替：

> 尽管黑猩猩比人类强壮得多，但人类更擅长使用工具，工具对人类自然力量的增强远远超过了对黑猩猩自然力量的增强。

或者（不同的含义）：

> 黑猩猩比人类强壮得多。现在我们已经发现它们也会使用工具，它们能使用工具来学习如何增强它们的自然力量。

这就意味着，演讲中一些非常重要的元素是那些对演讲整体结构提供线索的连接词："尽管……""最近的一个例子是……""另一方面……""在此基础上……""暂且提出不同意见……""我必须给你们讲两个故事，用来证明这一发现……""作为题外话……""在这个问题上你或许会反对……""总的来说……"。

同样重要的是句子与句子之间、概念与概念之间要条理清晰，这样一来，观众自然就理解了。在分享这本书的初稿时，曾有无数次有人指出："我想我明白，但如果你把这两段调换一下，再解释一下它们之间的关联，逻辑就会更加清晰。"一本书力求清晰非常重要，而在演讲中讲求清晰甚至更为重要。从根本上来说，你最好的办法就是让那些不熟悉你话题的人给予你帮助，因为他们能够很好地指出其中的逻辑缺口。

TED 演讲嘉宾德博拉 · 戈登（Deborah Gordon）曾经解释蚁群如何教会我们关键的网络概念。她告诉我，找到解释缺口是演讲准备阶段的关键：

> 演讲不是一个箱子之类的容器，供你放进内容。它是一个过程，一个轨迹，目标是带着观众从他们所在的地方到达一个新的地方。这意味着要逐步前行，这样一路上就不会有人迷路。不要太快，但如果你能飞，并且想让别人跟你一起飞，那么你要牵着他们的手一起降落，不要松手，因为一旦有人坠落，你就搞砸了。我在那些对我的话题一无所知的熟人面前进行试讲，询问他们什么地方听不懂，或者他们有什么疑惑，希望通过填补他们的认知缺口，也会填补其他人同样的认知缺口。

尤其重要的是检查专业术语，观众可能不熟悉的术语或首字母缩写要么删除，要么解释清楚。当观众对 TLA① 一无所知时，没有比听一场三分钟的 TLAs 讨论更令他们沮丧的了。或许一次这样的越界尚可接受，但当术语连篇时，人们终会失去兴趣。

我并不提倡所有解释都基于六年级学生的水平。在 TED 演

① TLA，three letter acronym，首字母缩写。

讲中，我们有一个爱因斯坦格言式的准则："一切要尽量简单，但不要过于简单。"[①]你不想侮辱观众的智商。有时专业术语必不可少，对大多数观众来说，你不必说出 DNA 是一种特殊分子，携带着特殊基因信息，你不必过度解释。的确，好的解释者点到为止，让人们感觉他们是自己发现了这个概念。他们的策略是引入新概念，描述其特征，让观众心里有所准备并自行理解它。这对你来说可以节省时间，观众也会感到满意。到演讲结束时，观众会沐浴在他们自己聪明才智的光辉里。

从解释到激动

还有另外一种解释工具。在你试图解释自己的思想是什么之前，先弄清楚它不是什么。你会发现我已经在本书中使用了这种技巧，例如，先讨论不可行的演讲方式，接着讨论可行的演讲方式。如果解释是在一个巨大的可能性空间里建造一个小小的认知模式，那么首先缩小这个空间就会有所帮助。通过排除貌似真实的可能性，观众就会更容易慢慢理解你的思想。例如，当神经学家桑德拉·阿莫特（Sandra Aamodt）想解释为什么正念有助于节食时，她说："我并不是说你需要学习冥想或练

① 不知这是否是他的原话，但思想是他的。

瑜伽，我说的是关注饮食：学会理解你的身体发出的信号，这样你就会在饿的时候吃，吃饱为止。”

TED 演讲中优秀的解释高手包括汉斯·罗斯林（启示性的生动图示）、戴维·多伊奇（不循常规的科学思维）、南希·肯维舍（简明神经科学）、斯蒂芬·约翰逊（思想来自哪里）和戴维·克里斯汀（宏大的历史）。我极力推荐这些人的演讲，因为他们会给你带来强大的新思想，让你终生受益。

如果你能善用解释，就可以真正调动起观众的激情。邦尼·巴斯勒（Bonnie Bassler）是一位科学家，致力于研究细菌之间如何彼此交流。在一次演讲中，她介绍了某个她所做的非常复杂但又令人惊奇的实验。她帮助我们理解这个实验，从而为我们打开了一个充满神奇可能性的世界。下面就来看看她是如何做到的。

一开始，她就有意使得演讲与我们息息相关。毕竟，并非每一位观众都对细菌的话题感兴趣，所以她是这样开场的：

> 我知道你们认为自己是人类，我也是这么认为的。大约有 1 万亿个细胞使我们每个人成为我们，做我们要做的事情。但在你生命中的每时每刻，你的身体里或身体上都有 10 万亿个细菌细胞。因此，人类身上有 10 倍于人类细胞的细菌细胞……这些细菌不是被动的寄居者，而是对我们非常重要。我们离不开它们，它们用一种隐形的盔甲保

护我们，使我们免受外界环境的侵袭，这样，我们才会保持健康。它们消化我们吃的食物，为我们制造维生素，促使免疫系统把坏的微生物驱逐出去。就这样，它们以奇妙的方式帮助我们，对我们的生命至关重要，却从不炫耀。

现在我们明白了，这些细菌对我们非常重要。接下来，一个出人意料的问题激发了我们的好奇心：

> 现在的问题是，它们是怎么做到这一切的？我的意思是，它们是那么微小，必须使用显微镜才能看到。它们过着如此无聊的生活，生长、分裂，总是被视为非社会性的、彼此孤立的有机体。因此，似乎对我们来说它们显得太渺小，如果它们只是个别行动的话，就不会对环境造成什么影响。

这就变得有趣了，她是要告诉我们细菌是团队作战的？我渴望知道更多！接着，邦尼带领我们进行了一场侦探式的调查，追踪不同的线索，这些线索揭示出细菌为何必须集体行动。有一则有趣的故事是关于生物发光鱿鱼的，它可以利用细菌的同步行为使自己隐形。最终我们开始了解她的发现：入侵细菌为何对人类进行攻击？它们单独无法做到这一点，而是会释放一种沟通分子。随着更多的细菌在人的身体里繁殖，这种分子不断聚集，直到突然间它们都集体“知道”已经有足够的数量去发动进攻，便开始同时释放毒素，这就叫作“群感效应”。哇！

她说这一发现为抵抗细菌打开了新的思路：不必将其杀死，只要切断它们的沟通通道即可。随着抗生免疫的推广，这真的是一个振奋人心的理念。

她在演讲最后提出了关于这个课题更深一层的含义：

> 我想说……这就是多细胞结构的发现。细菌在地球上已经有数十亿年的历史了，人类却只有几十万年。我们认为，细菌为多细胞有机体的运作制定了规则……如果我们能在这些原始有机体中找出这些规则，就有望将来借助它们理解人类的行为及人类疾病。

在邦尼演讲的每一部分，每个细小的片段都被细心地建构在之前片段的基础之上，没有一个专业术语是未被解释的，这样她就为我们开启了新的可能性。那本来是一门复杂难懂的科学，但我们的非专业观众竟对这门科学异常激动。最终，令她惊奇的是，我们都起立为她鼓掌。

除非你能学会如何解释，否则你就无法给予观众伟大的新思想，这只能一步一步来完成，并由好奇心来推动。每一步都建立在观众已经理解的基础之上。比喻和例子非常重要，可以展示思想是如何被搭建起来的。要谨防知识的诅咒！千万别做可能失去观众的假设。当你清晰地解释了某种特殊的事物，必然会启迪观众的心智，使他们为之激动。

第八章
说服：用推理一步步征服观众

如果解释是在人的内心建构一种新的思想，那么说服要更加彻底。在建构新思想之前，首先需要破坏旧思想。

说服意味着使观众相信，他们现在对世界的认识并非完全正确。这就意味着不仅要破坏那些错误的思想，而且要重建更加美好的思想。如果说服成功，对演讲者和观众来说都是令人欣喜的。

认知科学家史蒂芬·平克颠覆了我对暴力的认知。

生活在当今媒体环境中的人都认为，我们的世界被持续不断的暴力——战争、谋杀、袭击、恐怖事件——所破坏，而且似乎变得日益恶化。平克在短短 18 分钟的演讲中就让观众明白，这种认识是完全错误的。事实上，当你将镜头拉回到从前，看看真实的历史资料，就会发现世界上的暴力在不断减少，这样的趋势在过去几年、几十年、几百年、几千年都是如此。

他是怎么做到的呢？首先需要破坏旧的思想，因为我们的思想在被说服之前需要一些铺垫。平克开始时先提醒观众，人类早期历史上的暴力活动有多么可怕，比如 500 年前法国有一种公共娱乐形式是把活生生的猫扔进火里，只为听它们惨烈的叫声，以此为乐。他还摆出一些事实，如在许多古代社会中，超过 1/3 的成年男性死于暴力。他想告诉观众，你或许认为暴力事件日益恶化，但不要忘了历史上曾经发生的暴力有多么可怕。

然后，他指出现代媒体倾向于将一些戏剧性或暴力性的事件作为头条，却无视那些事件是否具有普遍性。他向我们揭示了一种机制，通过这种机制，我们很可能会高估外界暴力的真实水平。

有了这样的铺垫之后，我们就比较容易接受他给出的数据和图表，这些数据和图表说明，各种形式的暴力（不管是谋杀还是战争）都有显著的下降。他使用的一个关键策略是展示与人口数量相关的资料，重要的不是暴力致死的总人数，而是每个个体会遭遇暴力死亡的概率。

接着，他对这种出人意料的趋势给出四种可能的解释，并用他乐观的陈述愉快地结束了演讲。

> 不论是什么原因，我认为暴力事件的减少具有深远的意义，它使我们开始追问，不仅要追问为什么会有战争，

而且要追问为什么会有和平；不仅要追问我们做错了什么，而且要追问我们做对了什么。正因为我们做对了一些事情，找出我们做对了哪些事情就会很有意义。

四年后，他在这个演讲的基础上撰写了一部著作《人性中的善良天使》[①]，书中进一步阐述了他的这种观点。

我们假设平克是正确的。如果是这样，他就给予了千千万万人一份精美的礼物。我们大多数人终其一生都认为，每日新闻永远都是越来越坏，战争、恐怖袭击和暴力事件早已失控。当你用另外一种视角来看的话，尽管情形有点糟糕，但实际上它们在不断改善。于是，阴霾散去！说服能永远地改变人们的思想。

说服与铺陈

心理学家巴里·施瓦茨改变了我对选择的认识。在西方，人们痴迷于最大化的选择。自由是人们的口号，最大化的选择是通向最大化自由的途径，但施瓦茨的观点截然不同。在关于选择悖论的演讲中，他逐渐让我们相信，在很多场合，太多的选择实际上让我们更不快乐。令人惊奇的是，他的破坏方式对

① 本书简体中文版已于 2015 年 7 月由中信出版社出版。——编者注

我们毫无痛苦可言。他把一些心理学理论与一组案例（包括健康保险行为以及令人沮丧的购物体验）相结合，整个演讲过程中还穿插有可爱的《纽约客》漫画。这些思想是反直觉的，但演讲之旅充满愉悦。在不经意之间，我们从出生以来就接受的世界观被彻底粉碎。

作家伊丽莎白·吉尔伯特让我们懂得，故事有一种神奇的力量，是一种重要的说服方式。她演讲的目标是改变我们对于创意天才的认识。她指出，不要把天才想象成是一些人与生俱来的特质，我们要么有，要么没有，而是把它视为某种你可以不时收到的礼物，但前提是你要事先做好准备接收它。只是这样说说，听上去或许不太令人信服，但吉尔伯特是一个讲故事的高手，她用智慧让我们相信这是真的。她开场时讲述了一个关于她自己的故事，其中说到她一想到必须重复她的畅销书《美食、祈祷和恋爱》的成功，就感到害怕；她还分享了一些有趣而感人的故事，其中讲述了一些著名创意天才由于不能完成要求的表演而受挫的例子。她还揭示了“天才”一词在历史上的不同际遇：不是说你是否是天才，而是你是否具有某种特质。讲到这里，她才分享了诗人鲁思·斯通的故事。诗人曾经告诉她，有那样一个时刻，她感觉到一首诗呼之欲出。

她感觉到它来了，因为它仿佛会撼动她脚下的地球。她知道在那一刻只有一件事可做，那就是，用她的话说，飞速奔跑。仿佛被这首诗追赶着，她要飞奔到房间，唯一要做的事情就是必须以足够快的速度拿到一张纸和一支笔。这样，当它汹涌地流经她的身体时，她就能够捕捉到它，将它俘获在纸上。

如果这个故事出现在演讲初始部分，会显得非常奇怪，但出现在结尾时却非常自然，于是，她的核心思想水落石出。

不论在何种情况下，促成世界观转变的关键都在于逐步推进旅程，在阐述主要论点之前，首先用几种不同的形式在我们的内心做一些铺陈。

我所说的“铺陈”是什么意思？哲学家丹尼尔·丹尼特对此有过精彩的解释，他创造了“直觉疏导”（intuition pump）一词，用来指一种在直觉上使结论显得更加合理的比喻或语言策略，这就是铺陈。它不是一个严谨的观点，而只是把人们的思想导向你所指方向的一种方式。巴里·施瓦茨关于购物的故事就是一种直觉疏导。如果他只是直截了当地说“太多的选择会使你更不快乐”，我们或许会感到怀疑。相反，他做了这样的铺陈：

以前，牛仔裤只有一种款式，刚买回来时一点都不合身，穿着很不舒服。但如果你穿过它，洗过几次之后，才开始感觉不错。旧牛仔裤我穿了几年之后，就去买新的。我说：“我想要一条牛仔裤，这是我的尺寸。”服务员说：

“你想要修身的？简约的？还是宽松的？你想要排扣式的还是拉链式的？你想要砂洗的还是酸洗的？你想要仿旧的吗？你想要微喇的还是铅笔裤？等等等等。”

当他讲这个故事的时候，我们能感觉到他的压力，我们也清晰地记得自己没完没了的购物经历而感觉压抑的时刻。即使他的故事只是个人的，或许本身不足以证明太多的选择会使人不快乐，但我们能理解他所说的。突然之间，他想要表达的思想似乎更加明朗。

丹尼特指出，许多伟大的哲学著作并不是合乎逻辑的论述，而是像柏拉图的洞穴或者笛卡儿的恶魔那样强有力的直觉疏导。笛卡儿想要怀疑一切可以怀疑的事物，因此，他把整个意识体验想象成一种恶魔强加于他的骗局。或许恶魔创造了他所看到的整个世界。笛卡儿唯一确定的事情就是思考和怀疑的体验，那至少意味着他的存在，从而有了“我思故我在”的论断。如果没有恶魔，其中的逻辑就很难理解。我们的心灵不是自动化的逻辑机器，而是需要被导向正确的方向，而直觉疏导就是这样做的生动方式。

一旦做好铺陈，你就很容易抛出你的主要观点。怎样做到呢？通过使用一种最伟大的工具，一种能长期实施影响的工具，它被称作——用一个我喜欢的古老的哲学词语——推理。

推理所及之处

推理，能得出一种完全不同于其他认知模式所能得出的结论。在推理论述中，如果最初的假设是对的，那么有效推导出的结论也一定是对的，而且能被知道是对的。如果你能令人信服地向某人做推理论述，那么你植入别人心灵的思想就会在那里生根，永不消失。

那么应该怎么做呢？必须分解成一个个小步骤，每一步必须完全令人信服，每一步的起点观众能一眼看出是对的，或者是在演讲早期就已经被证明是对的。因此，这里的核心结构是“如果—那么”：如果 X 是对的，亲爱的朋友，那么显然，Y 也是对的（因为每一个 X 就意味着一个 Y）。

被认为最有说服力的 TED 演讲之一是慈善改革家丹·帕洛塔（Dan Pallotta）所做的演讲。他指出，我们对慈善的认识方式意味着我们的非营利组织存在着令人绝望的缺陷。为了证明他的观点，他从一个机构的五个不同方面入手：工资水平、营销预期、冒险意愿、时间分配、资本的获得。在每种情况下，他都使用了犀利的语言，并辅以漂亮的信息图，以显示在我们对公司的期待和我们的非营利性之间存在一种荒谬的二分法。他的演讲充满了强有力的“如果—那么”陈述。

例如，在指出我们鼓励公司承担风险，但又不容许非营利性组织这样做之后，他说：“嗯，你我都知道，当你禁止失败时，你就消灭了创新。如果你消灭了筹款方面的创新，那么你就不能筹到更多资金。如果你不能筹到更多资金，你就不能发展。如果你不能发展，你就无法解决重大社会问题。”以这种方式，他证明：如果我们想让非营利组织解决重大社会问题，就一定不能禁止其失败。

还有一种逻辑论证法，叫作归谬法，这种方法非常有效，即首先抛出与你的主张相反的观点，然后揭示出其中的矛盾之处。如果那个相反的观点不成立，那么你的观点就得以彰显（甚至被证明，如果没有其他可能的观点的话）。演讲者很少严格使用完整的归谬法，但他们常常会利用其要旨，提出一种引人注目的反例，并揭示其不言自明的荒谬性。以下是丹·帕洛塔演讲中的另一个片段。他指出，令人不可思议的是，我们不赞成非营利机构的领导领取高薪。“如果你想通过给孩子们出售暴力游戏光盘来赚取 5 000 万美元，那就去吧！我们会让你登上《连线》杂志的封面。但是，你如果想通过试图救治疟疾患儿来赚取 50 万美元，你就会被认为是寄生虫。”

削弱相反观点的可信度是另一种有力的策略，但需要谨慎使用，最好是针对问题本身，而不是直接针对对方。可以这样说：“关于这个问题，为什么多年来媒体给我们一种完全不同的印象，这不难理解。毕竟，你销售的是充满戏剧性事件的报纸，而不是枯燥的科学证据。”令人不悦的说法是：“当然，他那样说是因为他拿了人家的钱。”这很快就从推理论证转变成揭发隐私。

让我们成为侦探家

还有一个更有趣的演讲模式，在 TED 我们称之为侦探故事。一些精彩的说服性演讲完全是根据这一策略建构的。你从一个巨大的谜团入手，然后周游思想的世界去寻找谜团可能的答案，然后一一进行排除，直到仅剩一个可行的答案。

一个简单的例子就是艺术家齐格弗里德·沃尔德海克（Siegfried Woldhek）的演讲，他想证明达·芬奇的三幅著名画像其实是他不同人生阶段的自画像。为了证明这一观点，他将演讲设计为对达·芬奇“真实面目”的探寻之旅。起初，他展示了达·芬奇所有 120 幅男性肖像画，问道：“这些画像中有哪一幅是他的自画像吗？我们怎么知道呢？”之后，就像侦探排除犯罪嫌疑人一样，他利用自己作为肖像画家的技巧，开始一一排除，直到剩下三幅作品。

接着就是决定性的时刻。尽管三幅画像画的是不同年龄阶段的男性，而且是在不同时期画的，但它们都有着相同的面部特征，并与达·芬奇的一座雕像——唯一公认的他的第三方画像——相吻合。

使之具有说服力的是，我们感觉似乎经历了与演讲者同样的探索之旅。我们并没有被告知事实，而是被邀请加入发现的旅程，我们的内心自然会更加专注。随着一一排除干扰项，我们逐渐感到信服。我们说服了我们自己。

这种方法可用于将非常棘手的话题转化成某种非常有趣的话题。对演讲者来说，一个常见的挑战是，如何将诸如疾病、饥饿或人类堕落这样棘手的主题转化成观众愿意到场聆听并积极参与的话题。

经济学家埃米莉·奥斯特（Emily Oster）想说服我们，经济学工具能使我们对艾滋病有不同的认识，但她并不只是简单地给出一个经济学观点，而是变身成为一个侦探。她展示了一系列幻灯片，题为“我们所知道的四件事”。她一件一件进行分析，摆出一些惊人的论据，有效地将其各个击破，为她自己开启了一扇通向新理论的大门。

这种结构的有力之处在于，它很好地利用我们热爱故事的本性，整篇演讲就像一则故事——甚至更好，是一则悬疑故事。我们的好奇心不断增强，直到抵达一个令人满意的终点，但同时，其中存在强有力的逻辑。如果这些选项中的每一项都是错误的，还有唯一一个可行的选项，那么那个选项必然是正确的。问题迎刃而解。

需要的不仅是逻辑

有时候，要使一场推理演讲变得生动有趣的确很难。人不是计算机，逻辑思维并不总是容易掌握并使用。要使演讲真正具有说服力，光有严密的逻辑论证是不够的。当然，逻辑论证是必要的，但并不够。大多数人能被逻辑说服，但未必有所领悟。如果没有领悟，他们或许很快就会忘记演讲的主题。因此，理性语言必须辅以其他工具，使结论不但有效，而且富有意义、令人兴奋并心满意足。

除了先前提到的直觉输导或侦探故事这样的方法之外，你还可以使用很多其他的方法。

早期插入一些幽默元素。这会传递一个有用的信息：我要帮你们理解一个深奥的思想……但它很有趣。我们要一起努力，一起欢笑。

增加一个小故事。或许是一个揭示你为何以对这个问题感兴趣的小故事，它会使你的演讲更人性化。如果人们知道你为什么对这个问题如此着迷，他们会更容易聆听你的逻辑。

提供生动的例子。如果我想说服你外部现实并不是你想象的那样，我或许首先要展示一系列富有戏剧性的光学幻景。某物看上去似乎是那个样子，并不意味着它就是那样。

利用第三方证据。"我和我哈佛的同事已经花了10年的时间研究这个数据，我们一致认为它一定就是这样。"或者，"这就是为什么并非只有我才这么认为，就连两岁孩子的母亲都知道这是真的。”类似的论述需要谨慎使用，因为没有一个不证自明的观点，但是，如果观众能接受，它们会使你的观点更具说服力。

使用醒目的视觉资料。在演讲当中，丹·帕洛塔使用饼状图来显示两个非营利机构资金筹集的结果。第一个是烘焙销售，其管理费用占5%；第二个是专业的资金筹集公司，管理费用占40%。第二个看上去很可怕，很浪费，直到丹说：

我们混淆了道德和节俭。我们都被误导，认为管理费用占5%的烘焙销售在道德上优于管理费用占40%的专业资金筹集公司，但我们忽视了最重要的信息，那就是：这两块饼的真实尺寸是多大？倘若烘焙销售由于未做规模投资而只为慈善事业净赚了71美元，而专业资金筹集公司由于规模投资为慈善事业净赚7 100万美元呢？现在，我们会更喜欢哪块饼？我们认为那些忍受饥饿的人们会更喜欢哪块饼呢？

在他讲解的过程中，第二张饼状图逐渐扩大，第一张饼状图逐渐缩小。此时，第二张图中的非管理费用比例远远大于第一个图中的非管理费用比例。他的观点一目了然

丹·帕洛塔的演讲赢得观众长时间热烈的起立鼓掌，其网上点击收视量超过300万次。在他的演讲被公开播放三个月之

后，三个最大的慈善评估机构共同举行新闻发布会，认可他的许多观点，并总结说："由慈善机构供给的人们和社区需要的不是低廉的管理费用，而是卓越的业绩。"

但并非每一个基于推理的演讲都会取得这样快速的成功，这样的演讲通常更难以操作，可能也不是最受欢迎的。然而，我相信这类演讲是我们网站上最重要的演讲，因为长远来说，推理是益智的最好方式。一个有力的观点即使并没有即刻就被所有人接受，也将逐渐获得新的支持者，直到它变得无法抵挡。

TED 演讲中的确有一个演讲与推理相关，那就是心理学家史蒂芬 · 平克和哲学家丽贝卡 · 纽伯格 · 戈德斯坦之间苏格拉底式的对话。在对话过程中，戈德斯坦逐渐说服平克，推理是历史上道德进步背后潜藏最深的重要力量（这种力量不是同情，也不是文化发展，尽管它们也发挥着重要作用）。有时，推理的力量需要数个世纪的时间才能显现出来。在这场对话当中，戈德斯坦引用了历史上一些推理大师的有力话语，这些话语关乎奴隶制、性别歧视及同性恋权力等，这些话语比它们所激发的运动早了整整一个世纪，然而，这些观点对那些运动的成功至关重要。

平克与戈德斯坦的对话或许是 TED 演讲中最重要的一个，但在 2015 年其点击量还不足 100 万次。推理并非快速疯长的野草，而是慢慢生长的橡树。然而，它根基深厚，一旦长成，就会永久地改变环境。我渴望在 TED 舞台上看到更多基于推理的演讲。

本章内容可用三句话概括：

- 说服是用一种更好的思想改变人们的世界观。
- 其核心是具有长久影响力的推理的力量。
- 推理最好辅以直觉输导、侦探故事、视觉资料或铺陈策略等。

第九章
展示：请给我惊喜

联系、叙述、解释、说服……都是非常重要的工具，但让观众获得一种思想最直接的方法是什么呢?

只要拿给他们看即可。

许多演讲使用了这种方法，用一种能愉悦并启发观众的方法把你的作品展示给观众。

这种方法通常被称作“展示”。在这类演讲中，你可以：

- 展示你最新艺术创作中的一组画作，演讲围绕画作展开。
- 演示你发明的产品。
- 描述你对未来一个自给自足的城市的愿景。
- 展示 50 张你最近穿越亚马孙丛林时的精美照片。

展示性演讲可以有无数种形式，其成功依赖于你所展示的内容。

在一个以图片为主的演讲中，你的主要目的或许只是创造一种神奇的感受或美学意义上愉悦。如果是产品的演示，你可能要努力让观众为之惊异，创造一种新的可能性。如果是对未来的愿景，你要使其生动异常并令人震惊，以使观众为其折服，心向往之。

让我们就这三个大的范畴进一步深入挖掘。

奇幻之旅

奇幻之旅是指展示一组画作或一系列神奇瞬间的演讲。如果演讲是一段旅程，那么奇幻之旅可能是与一位画家穿行于一间画室，他带你走进每一幅画作。也可能是由一位伟大的探险家做导游，他带你进行一次美妙的远足。每一步都非常简单，从一幅作品到另一幅作品，在整个过程中都有一种创造神奇的感觉。“如果你喜欢那个……那等等，再来看看这个！”

假如展示的都是精美的作品，那么旅程可能会令人愉悦、增长见识或给人启迪。这种演讲结构是画家、设计师、摄影师和建筑师最常用的，但任何一个拥有系列视觉作品的人都可以使用它，包括科学家。

例如，戴维·加洛（David Gallo）关于水下神奇世界的简短演讲就是一次美妙的奇幻之旅——或者，在这里可以称之为一次神奇潜水。他向我们展示了一组难以置信的海洋发光生物图片和视频，这是科幻作家都难以想象的。接着是一段视频，一只章鱼突然神奇地从我们视野中消失了，其实它只是改变了皮肤的颜色，使之与身后珊瑚的颜色极为相似而已。加洛对神奇海洋世界的讲解充满了激情，而这种激情很快感染了观众。他不但为我们描绘了眼前所看到的神奇现象，还向我们揭示了这些神奇现象背后的相关知识：

> 那是一个未知的世界，目前我们只是探索到大约3%的海洋世界，但我们已经发现了世界上最高的山峰、最深的峡谷、水下湖泊、水下瀑布……在一个我们认为根本不会有生命的地方，我们发现了比热带雨林更多的生命……种类更多、更密集。这告诉我们，其实我们对这个地球知之甚少。还有97%的海洋需要开发，这97%或许空无一物，或许充满神奇。

那只是一场5分钟的演讲，结构简单，但它的点击量超过1 200万次。

另一场简单却超级有趣的奇幻之旅是科学作家玛丽·罗奇关于性高潮的演讲。她带我们领略了10件我们从来不知道的关于性高潮的事情，包括一段荷兰农民和一头猪的视频，这段视频或许不宜在父母或孩子在场的时候观看！奇幻之旅不必非要严肃不可，还可以是有趣的、刺激的或铿锵有力的。

这样的演讲优点在于，从演讲者的视角来看，结构清晰。你只要带领观众欣赏你的作品，或欣赏某种你为之倾心的东西，每一件都配有幻灯片或视频，你只要一件一件播放即可，不断激发观众的兴趣。

不过，这种奇幻之旅最好有个清晰的主题贯穿其中，这样要比仅仅展示一组你最近的作品更加有力，否则，这类演讲很快就会变得枯燥乏味。“现在让我们看看我的下一张幻灯片”这样的转折过于平淡，观众会产生厌倦情绪。相对较好的转折是恰当的过渡，“下一张幻灯片也采用了这种思想，但更加壮观……”

甚至还有更好的方式，有一条主线贯穿在所有作品中。谢伊·亨布里（Shea Hembrey）带领我们欣赏了“100 位艺术家的作品展”，每一幅作品都完全不同——绘画、雕塑、照片、影像、混合绘画，涵盖广泛的艺术思想。那主线呢？每位画家都是独一无二的！是的，每一件作品都是谢伊创作的。正因为如此，每一件新的作品越是不同，我们就越感觉到神奇。

然而，奇幻之旅有许多不宜采用的方式，最不可取的就是用一种令人难以理解的语言进行讲解。有些行业当中有一个可怕的传统——使用毫无必要的抽象的、过于专业化的语言进行描述，其中美术和建筑行业高居榜首。如果从业者认为演讲时也有必要使用同样的语言，那当他们看到被邀请来的观众悄悄从后门溜出去的情景时，也不必感到惊讶。“在这场演讲中，我尝试在后现代思辨的语境下，对身份与集体性的范式提出质疑……”如果你曾经想过要像这样使用一些不着边际的词语，那请你拿出你最锋利的剪刀，把它们从你的讲稿中剪掉。

史蒂芬·平克对我说，这种语言甚至比专业术语的滥用更糟糕。

> “范式”和“思辨”并非像“DNA”一样是专业人员无法回避的术语，它们是元概念——关于其他概念的概念，而不是关于存在于世界上的物质的概念。学术术语、行业理念、企业用语以及深奥难懂的文艺评论，都让人感到枯燥乏味而难以理解，因为其中满是方式、假设、概念、条件、语境、框架、问题、水平、模式、视角、过程、范围、角色、策略、倾向以及变量等元概念。

这些术语可以有效地单独使用，但尽量少用。当它们接连出现时，观众就会很难理解。

你的目标应该是给予我们核心思想，用通俗易懂的语言，与我们分享你开始创作时的梦想，向我们展示你的创作过程。你是如何成功的？在这个过程中，你犯过哪些错误？当插图画家戴维·麦考利（David Macaulay）分享他的罗马系列画作时，他不仅展示了已完成的作品，而且展示了他曾经犯过的错误、曾经遇到的创作瓶颈以及他如何走出困境、最终出版插画的过程，这就意味着每一位在场的创作人士都能从中受益。在演讲过程中给观众某种启示，是创造性演讲的重要元素之一。

最重要的是，设计演讲时要力求使观众最大限度地体验作品本身。如果你的演讲是视觉性的，就要考虑删减你所使用的语言，而使观众聚焦于视觉资料本身。一场 12 分钟的演讲能轻松展示 100 多幅图片。或许一些模板当中每张幻灯片只有 2 秒钟的播放时间，但是，通过使用一种演讲者很少使用的方法——沉默——它们的力量会大大增强。TED 舞台上最优秀的奇幻旅程之一是著名雕塑家鲁本·马尔戈林（Reuben Margolin）的演讲。他的语言是他精美作品的背景声音，是对唯美画作完美的口头阐释。另外，他还大胆地不时保持沉默。在演讲的过程中，他不时地在描述作品背景之后做短暂停顿，让我们沉浸在对他作品的视觉享受当中，而那些时刻让人尤为震撼。

要使演讲之旅保持活力，一种有效的方式就是使幻灯片自动播放。来看看洛斯·拉古路夫（Ross Lovegrove）是如何带领我们领略他富有启发性的设计作品的，他的演讲是这方面非常好的例子。拉古路夫展示了 100 多张作品的幻灯片及视频，他只是讲解一张张作品，这种模式营造了一种富有活力的节奏。路易·施瓦茨伯格（Louis Schwartzberg）在他关于精彩影片《神秘的隐形世界》的演讲中，也采用了同样的做法。在整个演讲过程中，电影短片一直在自动播放，而他的声音成了抒情的叙事，令人记忆深刻。

许多公司内部所做的工作报告，如果也能设计成奇幻之旅的形式，就可以大大改善。那种一项项展示你所在部门近期工作的枯燥陈述，很快就会让人厌烦。换一个角度，试问：我们如何才能把这些幻灯片联系起来从而制造惊奇？我们如何才能把那些意义重大、轻松愉快、令人惊奇或诙谐幽默的信息传递出去？我们如何才能转换语气，不是说“看我们都取得了怎样的成就”，而是说“看这是多么神奇”？试想，能否不要罗列乏味的清单，而是试着在陈述的每一步都配上一幅有趣的图片？试想，还能否找到一些你发现的特殊的、可以分享的、公司其他人也能从中获益的思想？啊！现在，你的工作陈述将变成一场值得别人关掉手机认真聆听的演讲。

不管你演讲的主题是关于商务、科学、设计还是艺术，不要只是拖着观众向前，而是要找到一条吸引人的、有趣的、给人启迪的路径，给观众带来神奇和愉悦。

神奇的演示

设想你要展示的并不只是视觉资料，而是一项技术、一项发明或一种崭新的方式，那么仅供观众观看是不够的，我们希望看到它实际运行的状况，这就需要演示。

或许在任何一场演讲当中，神奇的演示总是最令人难忘的部分。就在那里，在现场的舞台上，你仿佛看到了未来的世界。

2006年，苹果手机推出两年之前，当杰夫·汉（Jeff Han）展示多点触控技术时，你能听到观众的惊叹声。普拉纳夫·米斯特里（Pranav Mistry）的第六感技术的演示具有同样的震撼力，他让我们看到了当你把手机与能够探测你动作的个人投影仪和照相机相结合时所产生的令人惊异的可能性。例如，只要用你的手指框住远处的一个物体就能成像，然后可以展示在附近任何一个白色平面上。

对于这样的演示性演讲，最重要的当然是你所演示的产品的质量，不论它是什么。它是一项有趣的发明或设计吗？如果是，那么有无数种方式可以展示它，而你不应该做的就是，花费一半的时间讲解这项技术复杂的背景，因为观众还没有看到它的实际运行，所以可能会失去兴趣。

当你要展示一些有趣的东西时，要学会使用一些表演技巧。我并不是说演讲要听上去油腔滑调、虚张声势，而是要让观众感到兴奋，对观众将要看到的东西给一点暗示，然后向观众介绍一些必要的背景。一旦奠定了基础，演讲便可顺利有效地达到高潮。

马库斯·菲舍尔（Markus Fischer）是一位优秀的发明家。2011年在爱丁堡的“全球TED”大会上，他向我们展示了一台神奇的机器，它看上去就像一只巨大的海鸥，甚至还能飞起来。实际上，它真的非常逼真，以至于当他在演讲会后的野餐会上为我们演示其飞翔的时候，竟然受到一群真海鸥的攻击，显然这些海鸥是被它们新的竞争对手震惊了。在演讲中，开始时他花了 10 分钟的时间讲解飞行术语，却没有给接下来的演讲内容丝毫暗示，结果失去了一些观众。令人印象深刻的演示本身——他的海鸥在大礼堂里四处飞翔——很快改变了局势。而对于演讲的网络版，我们对其顺序做了一点调整，这样，他的开场白就变成“像鸟儿一样飞翔是人类的一个梦想”，这立刻就给他的演讲设置了一个美丽的语境，从而实现了数以百万计的在线观看。

杰夫 · 汉做得很好，他的开场是这样的：

> 今天能来到这里我非常激动，因为我马上要给大家展示一些刚从实验室新鲜出炉的成果，毫不夸张。而且我非常高兴你们能第一时间亲眼看到它，因为我真的认为这将改变从此以后我们与机器互动的方式。

寥寥数语，他就给了我们一些令人兴奋的暗示，暗示我们会第一时间看到一种与机器互动的全新方式。接着，他在演示这项技术如何运行之前先对其背景做一介绍，之后，他向我们展示了这项技术的功能。他的演讲获得了观众的赞叹和掌声，自始至终都在为我们制造惊喜。

发明家迈克尔 · 普里查德（Michael Pritchard）使用了类似的方式。首先，他快速分享了一种思想实验，其主题是：如果没有安全的饮用水，生命将会怎样？然后，他开始解释他设计的“救生瓶”背后的技术。有些演讲者或许会就此结束，但演讲的力量在于展示，而不是讲述，迈克尔也在竭尽全力这样做。在舞台上，他拿着一个玻璃容器，往里面灌入浑浊的泥水、污水和兔子粪便，水变成肮脏的褐色。然后，他把脏水注入“救生瓶”过滤之后倒进一个空杯子，递给我喝。还好，味道不错。技术理论被转换成戏剧性的证明。接着，迈克尔继续阐述他的技术对于救灾及全球公共卫生的重要意义。的确，他用直观的演示征服了所有的观众。

汉和普里查德采用的方式对大多数演讲都有帮助：

- 以逗趣开场
- 必要的背景、语境或发明缘由
- 演示本身（越直观、越戏剧性越好，只要不弄虚作假）
- 技术的意义

有时候，演示效果太不可思议了，让观众可以直观感受到其在未来令人激动的应用和意义，于是，演示已经不仅仅是演示，而是对未来的憧憬。这就是我们接下来要探讨的问题。

梦想的力量

据我们所知，人类有一种技能是其他物种都不具备的。这是一项重要的技能，我们有多个词语可用来指示不同的含义：想象、发明、创新、设计、幻想。这是一种我们在内心勾勒世界的能力，我们反复勾勒它，从而创造出一个尚不存在但某一天或许会存在的世界。

令人惊讶的是，我们也能把尚不存在的世界展示给其他人，希望他们也可以为此而感到兴奋。有时，甚至更为神奇的是，当一些人私下分享了一个愿景之后，他们能将其作为蓝图，使之变成真实的世界。编剧说服电影制片厂制作电影，发明家说服公司实现小发明，建筑师说服客户投资建楼，企业家怀着将要重塑未来的信仰激励创业团队。

梦想可以用图像、图表、演示……或只是用文字的形式加以分享。

历史上一些精彩的演讲之所以精彩，恰恰是因为它们用一种无法抵挡的流畅语言和激情演绎编织出一个梦想。当然，其中最著名的就是 1963 年 8 月 28 日马丁 · 路德 · 金在华盛顿林肯纪念堂所做的演讲。精心地铺陈之后，观众充满强烈的渴望结束数世纪以来的不公平。他说：

> 我梦想有一天，这个国家会站立起来，真正实现其信仰的真谛：“我们认为这些真理不言而喻：人人生而平等。”
>
> 我梦想有一天，在佐治亚的红山上，昔日奴隶的儿子将能够和昔日奴隶主的儿子坐在一起，共叙兄弟情谊……

> 我梦想有一天，我的四个孩子将在一个不是以他们的肤色，而是以他们的品格优劣来评价他们的国度里生活。

他的演讲持续了 17 分钟 40 秒，从此改变了历史。

通过分享梦想，肯尼迪总统将人类带上了月球，他的措辞令人震撼：

> 我们决定在这个 10 年间登月，并且完成其他的事，不是因为它们轻而易举，而是因为它们困难重重……即使我认识到，目前这个目标从某种程度上来说还停留在信念与想象之中，因为我们无从知晓人们会从中获得怎样的收益。但是我想说，我的同胞们，让我们向那个距离休斯敦控制中心 24 万英里的月球发射火箭，一枚超过 300 英尺高、与这个橄榄球场长度相当的火箭——这枚火箭采用新型合金材料，其耐热与抗压性比现在使用的材料强好几倍，只是个别部分还是个“未知数”；其装配的精密程度可以与最精确的手表相媲美；它运载着用于推进、导航、控制、通信、食品和维生的各种设备，肩负着一个前所未有的使命，登上那个未知的天体，然后安全返回地球，以超过 25 000 英里的时速重返大气层，由此产生的高温大约是太阳温度的一半，就像今天这里这样热——我们要实现全部这些目标，要顺利实现这个目标，要在这个 10 年内领先完成——那么我们必须敢做敢为。

你或许认为这一倡议充满危险和不确定性，因此会事与愿违。它之所以有效，不仅因为这个倡议生动地描绘出将要发生的事情，而且因为它为我们编织了一个英雄主义的梦想，带我们走进未来，看到被载入史册的那一刻。

大多数 TED 演讲采用的都是比较口语化的语言，但描绘出关于未来的一幅美丽图画，的确是演讲者能够带给观众的最珍贵的礼物之一。的确，愿景演讲者是 TED 演讲中最令人激情四溢的，他们探讨的不是必然世界，而是或然世界。如果这样的演讲做得好，会让观众的内心由于无限的可能性而沸腾。

萨尔曼 · 汗（Salman Khan）在关于教育改革的演讲中，指出视频课程能使孩子根据他们自己的节奏进行学习。他的演讲优雅地呈现，步步推进，你能感觉到场内观众的激动情绪。

制片人克里斯 · 米尔克（Chris Milk）通过虚拟现实进行演讲，令人震撼地再现了在叙利亚难民营的生活经历。人们担心虚拟现实会让我们彼此隔离，而米尔克提出了令人惊讶的相反的观点：虚拟现实装置最终将变成制造共鸣的机器。

海洋生物学家西尔维娅 · 厄尔（Sylvia Earle）用令人震惊的图片以及雄辩的语言，讲述了由于我们过度捕捞、污染海洋而造成的危机。但她并没有就此止步，而是继续讲述如果我们能创造一些“希望区域”，即海洋生物能重获新生的海洋保护区，那将会如何？她的愿景令人振奋，一位观众竟然当场就为她签了一张 100 万美元的支票，6 年后还在支持她。那时，全世界的海洋保护区已经翻了 3 倍。

有效分享梦想的两个关键：

- 大胆地描绘一幅你所渴望的另一种未来的图景。
- 你的做法要让其他人也渴望看到那样的未来。

同时做到这两点具有一定的挑战性，第一点往往需要视觉辅助材料。肯特 · 拉尔森（Kent Larson）在 18 分钟的时间里分享了他重要的设计理念，如折叠式汽车和变形公寓，使得更多人能在城市里生活而不致过度拥挤。只有理念还不够，他通过直观的展示，使这些理念变得更加令人信服。

建筑师托马斯 · 希瑟威克（Thomas Heatherwick）在演讲中展示了一张幻灯片，那或许是我在 TED 看到的最有趣的幻灯片，展示的是吉隆坡的一个公寓建筑群设计，漂亮的弧线形高层建筑从狭窄的地基处逐渐上升并扩展开来，而地面上留出空间作为美丽的公园。他绘制了一幅未来的图景，我非常乐意生活在那样的未来。

但情况并不总是如此。通常，当技术展示之后，你不知道观众究竟是获得了激励还是变得焦虑不安。2013 年，美国国防部高级研究计划局（DARPA）局长雷吉娜 · 杜根演示了高速滑翔机和蜂鸟无人机等技术，这两种技术都令人震惊，但一想到其可能的军事用途，则会令人不安。关于基因工程，或计算机的人脸识别功能，或类人机器的发展，看上去更令人恐怖，而不是有趣。

演讲者如何才能避免观众的这种不安呢？唯一的方式就是说明为什么这一未来值得追求，或者用一种强调人类价值而不仅仅是先进技术的方式来阐释你的思想。

布兰·费伦（Bran Ferren）在2014年TED大会中就采用了这种方式，他讲的是无人驾驶如何开创一个完全不同的未来。他在演讲开场时，讲述了小时候和父母一起去参观罗马万神庙时获得的启示，并在演讲结束时号召人们要善于启发未来的孩子："我们要鼓励他们找到属于自己的路，即使他们的道路跟我们的道路完全不同。我们也要让他们懂得一些在日益技术化的世界里不太被人们欣赏的东西，让他们懂得艺术和设计并不是奢侈品，也并非与科技格格不入，事实上它们非常重要，会让我们变得与众不同。"本来这只是一个简单的科技愿景，或许还有点令人觉得可怕，最终却让人感到富有人文气息而充满希望。

幽默也会有所帮助。胡安·恩里克斯（Juan Enriquez）在TED做过一系列令人费解的演讲，展示了生物学和遗传学未来的发展。如果他不在每张幻灯片播放时插入一些笑料，那他的演讲会非常枯燥。有了胡安，未来不会显得令人担忧，而是异常美妙。

最后，未来的愿景越可以实现越好。问身边的人一些有关生命意义的问题并对其进行录音，这样做会产生什么样的影响？故事兵团（StoryCorps）的创始人戴夫·伊赛（Dave Isay）

在演讲中谈论了这种行为的力量。然后他分享了一个 App（应用程序），每个人都可以用它简单地做这件事，并将结果上传至美国国会图书馆，从而留下永恒的记录。在他的愿景世界里，人们真诚地倾听彼此的心声，这个愿景令人鼓舞。在他的演讲发表后几天的时间里，千千万万的人录制了他们从未有过的有意义的对话。

这就是梦想的力量。我们的梦想可以传递给他人，唤起他人的激情和信任，从而使梦想变成现实。演讲者让我们感觉到实现梦想的可能性越来越大，从而激励我们为了自己的梦想更加努力地工作。如果你被邀请与一位鼓舞人心的梦想家一道进行一场演讲之旅，那你千万不要拒绝。

融合与匹配

事实上，大部分演讲并非只属于我们所讨论的某一种类型，而是同时包括多种元素。例如，埃米 · 卡迪关于肢体语言如何影响人的自信心的著名演讲，就是解释与讲述个人故事的融合。萨尔曼 · 汗的演讲开始于他自己的个人故事，逐渐变成穿越他的可汗学院所创造的非凡成就的奇幻之旅，最后结束于未来憧憬——一种崭新的教育模式蕴含无限潜力的愿景。

我要再次强调：上述技巧不应该成为束缚你的枷锁，而是帮助你更好地把你的思想植入观众内心的工具。你可以任意选择、组合、匹配或增加某种技巧，使之真正有效地服务于你希望建构的思想。

现在我们假设你有了主线及演讲内容，并且已经把联系、叙述、解释、说服和展示等巧妙地融合在一起，那么接下来呢？

就到了正式展示的时候。

我们来看看演讲准备过程中的四个关键因素，它们将决定你的演讲成功与否：

- 是否包括视觉资料，如果包括，是什么材料？
- 是草拟并背诵演讲稿，还是打算即兴演讲？
- 如何练习两种方式的演讲？
- 如何开场与收尾从而产生巨大的影响力？

你准备好了吗？那就跟我来吧，我们还有许多工作要做。

TED TALKS

第三部分　准备过程

第十章
视觉资料：有害的幻灯片

在 21 世纪，我们能为口头语言辅以许多炫酷的技术，如果使用得当，可以使演讲获得升华。照片、插图、漂亮的排版、图表、动画、视频、大数据模拟——所有这些都能增强演讲的力度及其美学诉求。

尽管如此，但你首先要问问自己是否真的需要这些方法。令人惊讶的是，在 TED 演讲中，点击量最高的演讲中至少有 1/3 没有使用任何幻灯片。

怎么可能呢？难道演讲加视频不总是比单纯的演讲更有趣吗？事实并非如此。幻灯片至少将一部分注意力从演讲者身上转移到了屏幕上。如果演讲的有力之处就在于演讲者和听众之间的密切联系，那么幻灯片或许真的是一种阻碍。

当然，在屏幕和演讲者之间并不存在一种零和注意力的取舍。对于屏幕上显示的内容以及演讲者所讲述的内容，观众常常需要调用不同的认知模式，例如，一种是美学认知，另一种则是分析认知。然而，如果你演讲的核心思想是非常个人化的，或者，如果你有其他方法能使演讲更加生动有趣——如幽默的故事——那么最好忘掉视觉资料，你只要向观众娓娓道来即可。

对每一位演讲者来说，以下准则都是成立的：没有幻灯片要优于糟糕的幻灯片。

如此说来，大多数演讲的确受益于漂亮的幻灯片，甚至对有些演讲来说，视觉资料完全决定了演讲成功与否。

TED 最初只是致力于科技、娱乐和设计领域的大会，设计师的出场很快促成了观众对漂亮幻灯片的期待。显然，这一传统就是 TED 演讲得以成功的核心原因。

那么，有效的视觉资料的关键元素是什么？

- 展示
- 解释力量
- 美学价值

我们逐一进行阐释。

展示！

利用视觉资料最明显的例子就是，展示一些很难描述的东西，大多数画家和摄影师的作品展示都依赖于这种方式，探险家展示一场旅行或科学家展示一项发明也可以采用这种方式。

伊迪丝·威德（Edith Widder）是首个拍到巨型乌贼视频的团队中的成员。来到 TED 时，她的整个演讲都围绕那个乌贼出现的时刻。当那个难以置信的生物最终出现在屏幕上时，观众们简直欣喜若狂。但是，用于展示的影像并非一定要富有戏剧性，关键是要设置背景、预先铺陈，然后……嘭！就让影像发挥魔力吧，全屏显示，不需要任何修饰。

解释！

一张图片抵得上千言万语（即使图片也需要用文字去表达），最好的解释常常是图文并茂。你的内心是一个综合系统，我们对于世界的大部分认识都是通过视觉加以想象的。如果你真的想要解释某种新的东西，最简单有力的方式往往就是展示并讲述。

但要注意，在讲述和展示之间需要进行适当的平衡。有时，演讲者会用过度复杂的幻灯片来吸引观众的视线，或许他是无意识地用他所有作品的所有细节，试图给观众留下深刻的印象。但当他继续不断地讲解时，观众还在拼命地浏览幻灯片，试图弄清楚如何将演讲者所讲的内容与他们正在观看的幻灯片联系起来。

要避免这种情形发生，关键在于每张幻灯片只限于揭示一个核心思想。有些演讲者，尤其是科学家，似乎具有一种无意识的行为预设，认为他们应该尽量少用幻灯片，因此会在每一张幻灯片中塞进大量的内容。在幻灯片还是实物，而你必须不断往投影机上放置幻灯片的年代，这种方式或许有意义，但今天，十张幻灯片的成本与一张幻灯片的成本没什么区别，唯一有限的就是你的演讲时间。因此，如果一张过于复杂的幻灯片需要用 2 分钟时间来解释，那最好用三四张比较简单的幻灯片来代替，而你可以在同样的时间里轻松地将其点击并展示。

TED 的汤姆 · 里利谈及管理认知负荷的必要性：

> 对于演讲和幻灯片，你有两条平行流动的认知输出流，演讲者需要将两条认知流合二为一。谈论理论物理会对观众造成较高的认知负荷，涵盖多个元素的幻灯片同样如此。在这样的情况下，观众的大脑必须做出决定：是聚焦于你讲的内容还是你播放的幻灯片？还是同时聚焦于两者？在大多数情况下，这是不由自主的。因此，你必须预想在什么地方观众的注意力会分散，并确保一张幻灯片上的高认知负荷不会与你要讲的内容发生冲突。

同样，一旦结束了对幻灯片的讲解，把幻灯片留在屏幕上是没有意义的。汤姆又说：

> 只要转换到空白的黑色幻灯片即可，这样观众的视线会离开屏幕，稍事休息，从而更多地关注你讲的内容。然后，当你重新播放幻灯片时，他们会准备就绪，回来继续跟随你的脚步向前。

如果你希望一张幻灯片揭示一个核心思想，那么就有必要考虑能否对幻灯片做更多设计，从而突出强化它要揭示的重点，这尤其适合于图表。如果你要讲 2 月份的降雨量为何总是超过 10 月份的降雨量，要展示一张年降雨量的曲线图，何不用不同的颜色突出 2 月份和 10 月份，让观众一目了然呢？

如果你要继续对 3 月份和 11 月份进行比较，那就用单独的图表，或者在一张单独的幻灯片上把这两个月区分出来，而不要将其不加区分地放在同一张幻灯片上。

戴维·麦坎德利斯（David McCandless）善于利用漂亮的幻灯片将数据转换成容易理解的信息。例如，在 2010 年的 TED 全球大会上，他展示了两张幻灯片，第一张题为："哪个国家的军事预算最高？"这张幻灯片展示了 10 个大小不同的方块，每一方块代表一个国家，与其预算的大小成比例。当然，美国是最大的。

然而，第二张幻灯片展示的方块代表军事预算占 GDP（国内生产总值）的百分比。美国一下落到第八位，位列缅甸、约旦、格鲁吉亚和沙特阿拉伯之后。仅仅看了两张幻灯片，你的世界观就发生了重大改变。

有些演讲者似乎仍然相信，通过辅以文字的方式能增强幻灯片的解释力量，而使用的文字常常与幻灯片所表达的内容相同。这绝对是画蛇添足。还有些幻灯片，主标题下面列有多个由冗长语句构成的要点，这会让你彻底失去观众，因为观众早在你讲解之前就已经阅读完毕，到你讲完具体的一点时，它早已失去新意。当看到演讲者带着这样的幻灯片来到TED舞台时，我们会为他们倒上一杯酒，跟他们一起坐在电脑前，委婉地请求他们删减、删减再删减——将每一个要点都变成一张幻灯片，或者将许多语句削减为一个词语，或者代以一张图片，或者干脆直接删除。

重点是，简单地用文本重复你在舞台上所讲的内容，这样做毫无价值。当然，如果要在几分钟的时间里阐述一个要点，那么在屏幕上显示一个词或一个词组用以提示观众你所讲的内容，是非常必要的，否则，屏幕上的文字只会与你的演讲相冲突，而不会促进你的演讲。

即使幻灯片文本很简单，也可能会间接削弱演讲的力度。幻灯片上不要出现这样的文字：“黑洞是一种巨大的物体，任何光都无法从中逃脱。”而最好这样写：“黑洞究竟有多黑？”然后，你从那张原始幻灯片出发，用口语的形式进行讲解。这样的话，幻灯片会激发观众的好奇心，使你的语言更加有趣，而不是更无趣。

如果理解了这一点，做起来其实非常简单。视觉资料的主要目的并非传递文字——这是你的嘴巴最擅长做的事情——而是用来分享你的嘴巴做不好的信息：照片、视频、动画、重要数据。

这样的话，屏幕能在短时间内展示演讲者或许需要几小时才能讲完的信息。在 TED 的舞台上，我们最喜欢的解释性视觉资料的倡导者是汉斯·罗斯林（Hans Rosling）。2006 年，他展示了一个持续 48 秒钟的动画曲线序列，就在那 48 秒钟之内，他改变了观众对于发展中国家的认知。他的大意是：如果你还没有看过它，我真的无法向你解释。试图解释需要好几个段落，即使那样，我也无法讲得清楚。这就是关键所在，它必须在屏幕上展示。因此，下次当你坐在电脑旁，在谷歌上搜索“汉斯·罗斯林：这才叫统计学”，请边欣赏边赞叹。（那 48 秒的短片开始于 4：05。）

并不是每个人都会成为汉斯·罗斯林，但每个人至少可以问自己一些问题：视觉资料对于解释我所讲的内容非常重要吗？如果重要，我怎么才能更好地让视觉资料与我的文字相结合，从而使二者相得益彰？

愉悦！

视觉资料一个常常被忽视的功能就是，能大大增加演讲的美感。

令我吃惊的是，视觉艺术家常常只展示他们作品的很小一部分。是的，我们应该限制演讲中涉及的概念，但图像呢？不必过于限制。人们常常错误地认为必须解释每张图片，其实大可不必。如果你邀请尊贵的观众到你巨大的展厅欣赏你的作品，但你只能聚焦于其中的一部分，那你可以首先带他们快速浏览展厅其他部分，只要能让他们保持兴趣，并对你的整体创作有更深的理解即可。使用图像，只要看 5 秒钟，即使没有任何文字辅助，也会令人印象深刻。如果这么容易就能使观众如获至宝，那你何乐而不为呢？

有许多种演讲方式能使观众沉浸在视觉享受当中，极大地增加观众的愉悦感，即便话题本身并不一定非常有趣。

设计师、TED 演讲嘉宾露茜 · 迈克雷（Lucy McRae）在她的演讲中植入了许多精美有趣的图片和视频，制造了神奇感——即使是在她探讨身体气味的话题时也是如此。

同样，配有优美的字体、插图或自定义动画的演讲，也会产生神奇的效果。

这些都是核心原则，但对于视觉资料，细节是魔鬼。为了深入探讨视觉资料的制作，我们请出汤姆 · 里利（糟糕的视觉

资料对里利是一种痛苦），让他讲讲要使用的工具。（以下为汤姆·里利分享的内容）

展示软件小贴士

目前，主要有三种展示工具：PowerPoint、Keynote（用于苹果计算机）和Prezi。PowerPoint无处不在，但我发现Keynote使用起来更容易，而且其版式和图示更好。Prezi（TED是它早期的投资方）提供了另一种模式，不再是按顺序播放幻灯片，而是你可以在一个二维景观中随意移动，放大或缩小，从而聚焦于你需要强调的部分。

现在大多数投影仪和屏幕都是新式宽屏电视的尺寸：16∶9，不同于老式电视是4∶3。而展示软件是4∶3模式，这样你需要把背景更换为16∶9（除非你演讲的场地只有4∶3的投影仪）。

不要使用软件内置模板中的项目符号、字体和横线，那样你的展示会看上去跟其他人的一模一样，而且版式非常有限。我建议你开始时用一张完全空白的幻灯片。如果你展示的是一组图片，那就用黑色作为背景——展示时黑色背景会隐没，而你的图片会突显出来。

大部分图片应该被“全出血”显示。“全出血”不是一个恐怖电影术语，而是一个印刷术语，意思是图片占据整个版面。最好是连续播放三张“全出血”的图片，而不是将三张图片挤在一张幻灯片中。照片拍摄时常常使用 4∶3 的比例，因此，如果你想在不修剪顶部和底部的情况下展示照片，那就把幻灯片的背景色设置成黑色，这样左右两边留出的黑色边框就不会显得突兀。

图片分辨率：使用分辨率最高的图片，以避免当投影到大屏幕上时图片显示不清。从来没有分辨率太高的说法，分辨率高只会减缓软件的打开速度。

字体

通常来说，一个展示当中最好使用一种字体。有些字体比其他字体更好。我们通常推荐粗细适中的无衬线字体，如 Helvetica 或 Arial，但不要用过于瘦长的字体，因为这样的字体比较难认，尤其是在深色背景上。如果犹豫不定，只要保持简洁即可。

字体大小

小字会增加观众的阅读困难。大多数情况下使用 24 号或更大的字号，每一张幻灯片中最多使用三种字号，每一种字号分别用于不同的内容：题目或标题用大号字；主要观点用中号字；支持观点用小号字。

字体背景

如果要在一张图片上放文字，要确保放的位置观众能够看清。如果图片过于复杂，不要直接把文字放在上面，最好在文本框填充背景色，使文字易于识别。

字体颜色

颜色方面，关键是简单且对比鲜明：白底黑字，白底深色字体，黑底白字或黑底黄字都不错，因为对比非常鲜明，容易识读。每个展示只用一种颜色的字体，除非你想强调或制造惊奇。千万不要在浅色背景上使用浅色字体，或者在深色背景上使用深色字体，例如黄底蓝字或者黑底红字都不容易识读。

清晰度

选择好字体和颜色之后，在电脑或最好在电视或投影仪上看看你的展示效果，站在距离屏幕大约 2~4 米的地方，你能看清所有内容吗？图片是否清晰？如果不是，请重新调整。

需要避免的做法

- 无论如何都不要用“项目符号”。
- 破折号不要放在文本开头。
- 不用下画线和斜体——它们难以识读。想强调的内容加粗即可。
- 使用阴影有时会有突出显示的作用，尤其是对放在图片上方的字体，但尽量少用。
- 在同一行中不要用多种字体，那样看上去会非常糟糕。

解释和图表

使用递进的方式——通过多次点击在幻灯片上增加词语和图片——让观众的注意力一次只聚焦一个概念，给他们足够的时间一步步消化。一次不要塞进太多内容，否则观众会感到难以承受。

图片来源

在科学类主题的演讲当中，每一张幻灯片上的每一张图片都要标明来源，这一点非常重要，但最好避免字体太大，因为那样会转移观众对幻灯片的注意力。如果所有图片只有一个来源，你可以大声说出对《国家地理》的感谢，或者可以附一张图片来源说明，上面写有“感谢《国家地理》提供图片”的字样，然后你就不必在每一张幻灯片上都重复这些文字了。

如果你的确需要注明图片来源，那么说明文字的位置和格式必须保持一致：在每张幻灯片的同一个位置，用同样的字体，同样的字号（不超过10号字）。将其从“照片来源：阿尔瓦雷斯·奥古斯丁，NASA（美国航空航天局）艾姆斯研究中心，加利福尼亚芒廷维尤”删减至“阿尔瓦雷斯·奥古斯丁，NASA”。注意，有些图片所有者，比如博物馆，或许会拒绝用名称缩写，但这可以商榷后确认。我通常把说明设为白色字体，采用竖排的方式，放在幻灯片右侧。问问你的朋友：说明文字会转移对图片的注意力吗？如果会，表明文字太突出了。

你和团队的照片

可以展示一张你的工作照，背景可以是实验室、灌木丛、大型强子对撞机等，但不要超过一张，除非有特殊的原因。本·桑德斯的演讲讲的是他去北极和南极的探险之旅。在讲这个故事的时候，大部分照片当中他的形象都是非常有必要的。

当然，整个团队都不辞辛劳地与他合作，才使他的探险成为可能，但展示他们的照片会转移观众的注意力。我们理解分享团队的照片可能对演讲者来说很重要，但对观众来说并非如此。一定不要放团队的照片，如果必须放，一定要显得自然。在演讲展示中，在相关背景部分介绍你的团队效果会比较好。

视频

在展示你的工作和思想时，视频是非常好的工具，不过视频时长最好不要超过 30 秒。在一场 18 分钟的演讲中，视频短片不超过 4 段，除非你的演讲完全依赖于视频。视频短片最好是你自己制作的，你有所有权（而不是来自《星球大战》）；解释一些用图片无法解释的东西；制作务必精良（拍摄清晰，光线适当，音效要好）。制作低劣的视频会使观众更多关注它的劣质，而不是内容。视频必须是展示中的一个有机部分，而且真实，而不是由公关部门制作或配有夸张的音乐。提示：在你工作的时候，要保留所有的视频，因为以后不知道什么时候可能用得上。TED 购买了很多高质量的视频及照片，而且随着时间的流逝，它们还在不断升值。

你可以在展示中插入一段视频，但记得要在你上台之前检查音频及视频，以确保正常播放。

幻灯片切换

这是许多演讲者的可怕陷阱。经验法则是，所有的切换方式都尽量不要用：微光、闪烁、五彩纸屑、旋转、晾衣绳、旋涡、立方体、鳞屑、交换、哗哗响、火焰喷射、滴落和弹跳。这些都是 Keynote 常用的切换方式，而我从来都不用，除非是为了幽默或讽刺的效果。这些切换方式看上去非常花哨，会使你偏离你所讲的思想，掉进软件技术的陷阱。有两种切换方式是我非常喜欢的：无切换（瞬间剪切，就像电影剪辑那样）和溶解。如果你想使鼠标点击有迅即的反应，那么无切换（或剪切）就很好；如果设置了少于半秒的时间间隔，那么溶解看上去会比较自然。剪切和溶解甚至还有两个潜在的含义：如果用剪切，就意味着你是在转换到一个新的概念；如果用溶解，就意味着这两张幻灯片在某种意义上是相互关联的。这不是一个硬性规定，但很有效。你可以在一个展示当中同时使用剪切和溶解两种方式。如果没有必要使用切换，那就不要用。总之，不要让切换抢了观众的眼球。

传输文件

把你的展示资料发送给主办方，带一张存有你完整展示和视频的U盘，视频与展示要分别存放，还要备好在展示文件中使用的字体。即使我已经事先把展示材料发送到演讲现场，我总是还要自己随身携带一份。重要的是：在通过网络发送或复制到U盘上之前，把所有文档放入一个文件夹，并把文件夹进行压缩，从而确保你要展示的所有内容都放到一个压缩包里。一定要清晰标注每一段视频，包括其位置。例如，希沃恩·史蒂文斯的第12张幻灯片：视频：蛾子破茧而出。

合法使用权

务必合法使用照片、视频、音乐及任何特殊的字体，它们也许都在“知识共享”（Creative Commons）当中，或可完全免费使用。最简单也是最好的方式就是用你自己的作品。假如你用了惠特尼·休斯顿的歌曲，那就要付出数千美元的费用才能合法地在现场演讲中使用，在网络上使用更是如此。

演讲测试

有两种测试方法：人的测试和技术测试。首先，对于人的测试，我建议你面向非你专业领域的家人或朋友测试你的展示——尤其是幻灯片，之后问他们哪些地方理解了，哪些地方没有理解，他们还有那些问题。测试非常重要，尤其是关于非常专业的或深奥的主题。

同样重要的是技术测试。我用35美元买了一个肯辛顿遥控器，可以插进电脑的USB接口，这样我就可以像在舞台上那样讲话时点击它。

幻灯片是否清晰？切换是否够快？字体是否恰当？视频播放是否正常？有没有技术障碍？反复多次浏览演讲材料，会有助于你知道它是否可靠。

一定要提前问问主办方将使用什么类型的电脑播放你的展示内容，它对你展示文件中要用到的字体是否兼容？另外，如果主办方使用的是同样的软件，问问他们所用的版本。

确保你使用的是最新版本的软件，因为组织者通常会使用最新版本，而现场要从一个版本转换到另一个版本不是一件容易的事情，有时会很麻烦。有一次，我用苹果电脑的Keynote创建了一个展示，后来文件被传到一台个人电脑中用PowerPoint打开。彩排的时候简直是一场灾难，我说服他们弄到一台苹果电脑及Keynote，这才恢复正常。

在正式展示之前，一定要在你将用来展示的仪器上测试幻灯片——尤其是视频。特别重要的是，要让音响人员检查你展示当中音频的音量，尤其是如果你计划在放音频的同时讲话，声音太小或太刺耳都会彻底破坏你的展示。

求助设计师

大多数人可以学习制作漂亮的幻灯片，但如果事关重大而且经费预算允许，那么无论如何都要求助于图片设计师。注意：我并不是说随便一位设计师都可以，网页设计师或平面材料设计师可能并不善于通过幻灯片来传递思想。寻求专业人士的帮助，你可以在Behance创意设计网站及其他网站上找到他们。

还要注意四点：

1. 即使你有公司设计部门负责这项工作，你也应该从一开始就参与其中。要积极主动，不要只是检查完成的视频，设计时要在场并参与。大多数设计师擅长于本职工作，但他们是在帮助你表达你的思想，因此，你亲自参与非常重要。

2. 如果你对他人的幻灯片设计不满意，那么相信你的直觉，毕竟是你在台上展示。

3. 通过Skype、email和Dropbox等通信工具，我们可以与许多设计师远程共事，这很有效，设计师不必一定就在身边。

4. 求助专业设计团队不一定很昂贵。对于展示图表，我喜欢找只有十几个人的小设计工作室合作，因为这样我可以更多地与工作室的设计总监合作。此外，我还常与来自罗得岛设计学院、艺术中心设计学院、普瑞特艺术学院、美国艺术盟院、库伯联盟学院和世界其他院校的新近毕业生合作。

版本管理

要认真管理各个版本的文件资料，用 Dropbox 这样的工具存储你的字体、照片、视频、音频以及所有的文稿。永远正确的做法是，用版本编号、你的名字、场址以及 TED 会期——如果你知道的话——来命名你的文件夹。例如可以这样：v4trjwTomRiellyPrezTED2016Session11，首字母缩写（trjw）表明谁最后使用了此文档。提示：将版本编号和最后使用人的首字母缩写放在文件名的开头，否则你很难辨别不同版本的文件。每次当你输出或输入时，要用新的编号保存为新的版本。当你在演讲大会上与制作团队分享 Dropbox 链接时，在 Dropbox 中把旧的版本放在一个文件夹，最新版本单独存放。在最终版本文件名开头或末尾标明“最终版”字样。

在设计师开始设计之前，如果你或者你的团队尽可能把所有有用的数据（照片、视频、音频）集中到一个文件夹里，那设计师会非常高兴。同时，为了帮助设计师设计，有时我会打开一个新的 Keynote 文档，制作带有说明文字的模拟幻灯片，例如：这张幻灯片将展示我们正在努力保护的物种之一，这张幻灯片将展示干涸的湖床，等等。

尽可能把演讲涉及的所有内容都先做成模拟幻灯片，把文档发送给设计师。这相当于电影制片人墙上的贴纸——有助于设计师更好地完成设计。

最后，正如图表中的信息一样，少即是多。

如果你想看看实际的设计样式，还有三位演讲嘉宾值得推荐，我们非常欣赏他们制作的视频。

环保摄影师马克·斯通（Mac Stone）在TEDx加州大学展示的精美图片很好地诠释了他演讲的题目："为什么要拯救大沼泽地"。

在TEDx温哥华，杰·索普（Jer Thorp）探讨了清晰的信息图表的冲击力，并用许多例子证明了他的观点。

在TEDx悉尼，生物医学倡导者德鲁·巴里（Drew Barry）使用有趣的三维动漫来展示我们身体中隐藏的细胞活动。

一旦你的视频资料准备就绪，就可以回到文字部分了，设法把文字变成真实的演讲。有两种完全不同的方法，而且，正如我们将看到的，关于这个问题，世界上最优秀的演讲家各执己见，但幸好有一种方法可以弥合这种分歧。

第十一章
演讲稿：背诵还是不背？

在最近的一次 TED 大会上，我们邀请了一位才华横溢的物理学家做了一场演讲，主题是物理学领域令人瞩目的最新发展。他被认为是他所在大学最优秀的科学主题演讲人，他的演讲总是精彩绝伦，因为他能把复杂的理论讲得通俗易懂，把抽象的东西讲得妙趣横生。在排练时，他充满激情、口若悬河、思路清晰，震撼全场。我非常期待他正式演讲的精彩时刻。

开场还不错，他阔步走上台，用了一个非常有趣的比喻，全场观众都能理解。之后，他开始出现第一个小差错。有片刻的时间，他不知道该说什么。他微笑着，请求大家给他点时间。他拿出手机，翻看自己讲到了哪里，然后继续。没有问题。可是 40 秒之后又出现了差错。他使用的比喻开始变得非常复杂，人们不断挠头，为他感到焦虑。你能听到他的声带发紧，开始咳嗽。我递给他一瓶水，在短时间里这似乎有用，但实际上没有用。在可怕的缓慢推进的过程中，我们眼睁睁地看着他的演讲彻底失败。正如喜剧演员朱莉娅·斯维尼后来对他的评价，他仿佛突然消失在他正在讲解的一个黑洞里。于是，第二次、第三次、第四次他又拿出手机，开始照着读。他的微笑和激情消失了，一瓶水也喝完了，汗珠浸湿了他的额头，他听上去就像要窒息而死。就这样，他终于坚持到最后，观众发出尴尬而又同情的掌声。

他的演讲的确是之前准备过的，但并不是他想象中的样子。

问题在于：这不是他的错，而是我的错。我一开始就鼓励他要花时间设计一场精彩的演讲，仔细书写演讲稿，这是大多数 TED 演讲嘉宾都会使用的方法。排练期间似乎一切正常，但那并不是他一贯的演讲风格。他曾经用自然而流畅的语言，为无数学生熟练地讲过那个话题，我本应该让他把那种技巧带到 TED 舞台上。（事实上，他的确把那种技巧带到了 TED 舞台。就在演讲前一天，他走上舞台，即兴讲述了一个关于物理学领域一项重大突破的精彩故事。其实，真正让他感到混乱的是演讲稿。）有许多种方式可以用来准备并发表演讲，重要的是要找到适合你的那种方法，因为当演讲正式开始的时候，即使你做了精心的准备，还有许多地方或许会出错，比如：

- 你的声调使观众昏昏欲睡。
- 你的声音听上去就像是背诵。

- 你还没讲完一半就已经到规定时间了。
- 你显得慌乱不堪，总是在试图记住怎样才能使幻灯片与你准备讲的话语相匹配。
- 视频或幻灯片无法正常播放。
- 无法与观众进行眼神交流。
- 你在舞台上显得局促不安，不知道是应该四处走动，还是应该站在原地不动，因此，你就采用折中的办法，双腿来回晃动。
- 观众应该笑的时候却没笑。
- 观众不应该笑的时候却大笑。
- 没有你期待中的全场起立喝彩，只有礼貌性的鼓掌。
- 还有，也是人们最害怕的，你忘了接下来要讲的内容，大脑一片空白。

庆幸的是，通过认真准备，这些风险都能降到最小。但正如上述故事所显示的，必须进行适当的准备。首先，你必须设计如何发表演讲，不同的演讲者采用的方式截然不同。在这一章当中，我们将试图帮你找到什么样的方式最适合你。

几年前，TED 对于发表演讲的规则十分严格：不得使用演讲台，不能读演讲稿。通常情况下，这么规定是有道理的，嘉宾站在台上，抛开讲台，真诚地面对观众演讲；对其表现出的脆弱，观众也能给予真诚的回应，那是人与人之间最纯粹的交流方式。

但打破规则也有打破规则的好处。如果每一位演讲者都站在舞台中央，流畅地发表背得滚瓜烂熟的完美演讲，那很快会变得索然无味。当一群人外出参加为期一周的大会时，最令人难忘的演讲者往往是那些与众不同的人。如果每个人都脱稿演讲，那个古怪的、小心翼翼走到讲台边上笨拙地读演讲稿的教授，就很可能给观众留下深刻的印象。

最最重要的是，演讲者要感到舒适并且自信，所采用的演讲方式要确保他们最大限度地专注于他们热衷的话题。

我们认识到这一点是在我们邀请诺贝尔奖得主丹尼尔·卡尼曼来 TED 演讲的时候。作为行为经济学之父，他是一位非凡的思想家，有许多足以改变人们世界观的思想。本来我们邀请他用传统的 TED 方式进行演讲，不用演讲台，只是站在舞台上，如果需要的话可以携带一些小卡片进行演讲。但在排练时，显然他感觉很不舒服，无法完全记住演讲内容，因此，他在演讲时不断地停顿，尴尬地低头看下面要讲的内容。

最后我对他说："丹尼尔，你发表过无数次的演讲，怎样才是你认为最舒适的演讲方式？"他说他喜欢把电脑放在演讲台上，这样他就能很容易地参阅笔记。我们尝试了那种方法，他马上就放松了，但他低头看屏幕的次数还是有点多。最后我们达成协议：给他提供演讲台，但他要尽可能多地看着观众。他的确做到了。他的精彩演讲绝对不是背出来或读出来的，而是感觉非常连贯。他的演讲达到了预期效果，毫无不妥之处。

因此，现在我们不再制定规则，只是提出一些建议，帮助演讲者找到对他们来说最有力的演讲模式。

你首先要做的关键决定之一就是，最好在演讲准备阶段早期就决定采用哪种方式。

A. 写出全部演讲内容作为完整的演讲稿（用来读或者背诵或者两者兼有）。

B. 列出清晰的框架，根据每个要点即兴演讲。

这两种策略各有千秋。

用讲稿演讲

采用讲稿的最大优点就是，你能充分利用可用的时间进行准备。把演讲内容压缩到 10、15 或 18 分钟是非常难的，如果演讲中涉及复杂的解释，或者在论述过程中有重要的步骤，那么最好一字一句写下来，并逐句逐段进行调整，直到完美，这样做非常重要。写讲稿还有一个优点就是主办方能事先拿到讲稿。我们喜欢演讲者在大会前几个月把稿子发给我们，这样我们就有足够的时间发现哪些地方可以删减，哪些地方需要进一步阐释，并给予回复。

用讲稿演讲的最大缺点就是，除非你采用适当的方式进行演讲，否则听上去就会失去新鲜感。读给你听和说给你听是两种完全不同的体验。通常（也有例外），观众对后者的反应要强烈得多，这有点让人费解。既然是同样的文字，全场观众都知道那是演讲者所写，我们为什么还要在乎演讲者向我们传递文字的方式呢？

这或许是因为人与人之间的交流是一种动态过程，实时展开。当你在演讲的时候，我会看着你的眼睛，做出各种无意识的判断：这是你真正想要表达的思想吗？你对此充满热情吗？你对此倾注了全部心血吗？作为聆听者，除非我已经知道这些问题的答案，否则，我不会轻易地向你敞开心扉。这就意味着，亲眼见证一个人现场大声说出自己的想法，具有巨大的力量，我们能感觉到你的信念，因见证了一个重要思想经过千锤百炼最终诞生的过程而兴奋。我们能感觉到你现场所讲的就是你真正想要表达的，这让我们很容易跟你产生共鸣。

相比较而言，你在朗读文字的时候，会让人感觉缺乏人情味，切断了与观众之间的联系，有点像在观看运动会比赛的录像，而赛事输赢早已有结果。即使我们并不知道比赛结果，也不会太在意。（想象一下，如果我们知道比赛评论是赛后加上去并被读出来的，而不是现场的即兴发挥，这样的观看体验会有多糟糕！这也是读演讲稿给我们的感觉。）

因此，如果用演讲稿演讲，有三种主要策略可供选择：

1. 要非常熟悉演讲内容，让人听上去毫无背诵讲稿之嫌。(这要多花点功夫。)

2. 参阅讲稿(借助演讲台——演讲台最好不要遮住你的整个身体——或者，有可能的话，借助显示屏)，但同时，你要时时抬头，与观众进行眼神交流。注意，我并没有说朗读讲稿，你可以把整个讲稿放在面前，但重要的是，要让观众感觉好像你是在演讲，而不是在朗读，观众能分辨其中的差别。这就意味着你在演讲的时候要尽可能自然地、充满激情地赋予每个字词含义；要与观众进行眼神交流，或微笑，或使用其他面部表情；要对讲稿足够熟悉，这样才能做到真的只是每一两个句子才低头参阅。是的，这需要付出努力，但这是值得的，而且远远没有完全背诵那么可怕。

3. 把讲稿压缩成要点，在演讲现场用你自己的话对每个要点进行讲解。这种方式有其挑战性，我会在以下无讲稿演讲中探讨。

只有在以下两种情况下，你或许可以朗读讲稿：

1. 你在演讲的时候，同时配有非常精美的图片或视频。这时候，你就是字幕员，观众的注意力都集中在屏幕上。摄影师詹姆斯·纳赫特韦(James Nachtwey)的TED奖演讲就采用了这种方法。

2. 你的确是一位伟大的作家，观众知道他们是在聆听你的一篇作品，但正如我们将在下面看到的，即使是一位伟大的作家，他的讲稿语言非常优美，不读讲稿同样会更有力量。

尽管有这些注意事项，但对大部分演讲者来说，如何用最有效的方式说出你真正想说的思想，最可靠的方法就是首先写出讲稿，然后真正理解它，使它成为你的一部分，但这需要付出努力。对大多数人来说，一场 18 分钟的演讲至少需要 5~6 个小时的记忆时间，一天一小时，持续一个星期。如果你没有这么多时间，千万不要尝试这种方法。你可不想在台上陷入苦苦回忆讲稿的窘境。

当你在台上背讲稿时，问题并不在于你无法继续演讲，而是观众能看出你在背诵。当你回忆下一句时，他们会看到你的视线在段落之间搜索，更有可能，他们会注意到你的语调显得平淡而机械，因为你只是专注于说出正确的句子，却没有为那些句子赋予真正的含义。

这的确是个悲剧，为了发表精彩的演讲你做了精心准备，最终却没有很好地抓住机会制造影响力。

这个问题是可以解决的，但需要一些努力。

假设你的一位朋友想在一个星期左右的时间里记住演讲内容。如果你要求他每天在不用笔记的情况下，尽其所能做一场最好的演讲，你会注意到某种奇怪的现象：在这一过程的早期，他会非常有说服力（或许会有点松散）。实际上，他完全没有记住演讲，他只是尽力用他设想中的结构将他所知道的信息讲给你听。

但几天之后，你注意到一些变化，他已经能记住相当多的演讲内容，因此，那些部分就是他演讲中非常流利的段落。但是，你再也感觉不到最初的那种生动。你能感觉到他的焦虑，会听到这样的字眼，“我们看看”“稍等”“让我重新来说”，或者你只是听到他略显机械地匆匆背诵那些段落。

这些迹象表明，他的演讲是背诵出来的，而不是生动地讲出来的。如果你的朋友以这种状态出现在舞台上，他的演讲必然会失败。如果他能不背诵讲稿，而是写下 7 条要点，并就每一要点进行讲解，或者随身带着讲稿上场，这样会更好。

但如果他坚持背诵讲稿，到了第 6 天或第 7 天，你会注意到一个显著的变化：突然，演讲者真正对演讲有了透彻的理解，非常熟练，能够信手拈来。这时，你的朋友再次有意识地专注于语言的含义。

所以，我要对打算背诵讲稿的演讲者说：背讲稿很好。你在给自己最好的机会去赢得巨大的成功，但重要的是，不要机械地背诵，而要娓娓道来。如果你无法保证做到这一点，那就不要背诵。

那么，应该怎么背诵呢？ TED 演讲嘉宾会使用多种不同的方法。帕梅拉·迈耶（Pamela Meyer）就如何检测谎言做过一场成功的演讲。她非常真诚地给出了下面的建议：

> 在北卡罗来纳州的海员营，我们必须一边踩水一边唱营歌。然后，为了增加难度，我们必须一边踩水，一边跟着歌曲的节拍，用复杂的方式摆动食指。直到你在演讲的同时能完成另外一件需要花费精力的事情时，你就真的记住了演讲。你能一边演讲一边给制作巧克力蛋糕的配料称重吗？你能一边演讲一边把桌子上杂乱的文件放进文件柜里吗？如果你在高认知负荷状态下依然能演讲，那么你就可以在舞台上做得很好。

看看帕梅拉的演讲，它听上去像是背诵的吗？不像，而是听上去非常自然。

TED 演讲嘉宾兼声音艺术家里夫斯认同她的建议：

> 如果我有时间背诵演讲稿的话，我会把它背得烂熟于心，直到它变得像一首曲子，我可以掌握快慢节奏，声音可以平静也可以高亢。我不断排练，直到我是在表演而不是背诵。我经常在宾馆里背诵，在演讲前一天晚上或几个晚上，我会打开某个电视采访秀，比通常情况下声音稍大点，尽可能制造干扰。然后（不是开玩笑）我把一条腿放到身后，对着镜子里的自己背诵演讲稿。如果忘了微笑，

我会重新开始；如果有所敷衍，我会重新开始。如果完成了整个背诵，我就不会忘词，而微笑也会自然流露出来。

如果需要的话，可以考虑对演讲进行录音（比如，对着你的智能手机朗读），低音回放，同时你试着先于录音讲出来，然后加快语速再来一遍（大多数手机可以做到）。TED 最受欢迎的演讲教练之一吉娜·巴尼特（Gina Barnett）认为，关键是要用两种语速都能背诵。当你能轻松地做到这一点时，用正常语速进行演讲就会非常自如，而且你会百分之百地专注于传达语言的意义。关于背诵，她有一个很好的观点："我通常告诉人们：熟练未必生巧，熟练使得不完美可以接受，因为当你彻底地理解了某事，就能用你自己的方式来驾驭它，而不是急于摆脱它。"

这就是关键，不要认为目的是背诵讲稿，而是应该呈现演讲内容，使之具体化。你唯一的目标就是：轻松地记住，充分利用舞台上有限的时间来传递激情与意义。务必做到仿佛你是第一次分享这些思想。

这是可以做到的。并非所有的演讲都需要投入这么多时间，但对那些重要的演讲来说，你的确值得这么做。

用讲稿演讲的另一个关键问题是，你该用什么样的语言？口头语还是书面语？我们在日常会话中使用的语言完全不同于作家使用的语言，而是更加直接，更少抒情。

大多数演讲教练的建议是：严格坚持口头语言，这样，演讲才会发自内心。毕竟，这是演讲，而不是写作。马丁·路德·金并没有说："今天我要给你们讲的是一个生动有力、无法忘怀的愿景。"而是说："我有一个梦想。"

哈佛教授丹·吉尔伯特建议他的学生首先把演讲词对着录音机说出来，然后抄录下来，用作演讲的初稿。为什么？"因为人们在书写的时候，倾向于用正常讲话时不常使用的词、词组、句型和韵律。因此，当你先使用书面文本，之后再将其转换为表演文本时，你是在试图将一种交流形式转换成另一种交流形式，这样终将以失败而告终。"

正如我们将会看到的，有许多演讲者认为"写出"演讲稿的最佳方式就是，试着反复多次地把它大声说出来。

但是，严格遵守这一原则也是错误的。伟大的作家能发表不同风格的演讲，优美的、预先写成的文字是其演讲当中的亮点。

看看下面这段文字，它来自安德鲁·所罗门2014年著名的TED演讲：

> 我们并不追寻锻造我们身份的痛苦体验，但在经历了痛苦之后我们会追寻身份。我们无法忍受毫无意义的痛苦，但如果我们相信承受巨大的痛苦是有意义的，我们就能忍受。相对于安逸舒适对我们的影响，艰苦奋斗对我们的影

响要更加深刻。如果没有欢愉，我们仍然能成为我们自己；但如果没有那些迫使我们去追寻意义的磨难，我们就不可能成为我们自己。

所罗门是一位伟大的作家，上述段落就是很好的证明，这是那种会自然地出现在书籍或杂志当中的语言，而不是你与朋友在酒吧面对面交谈时所使用的语言，区别就在于语言当中的诗意——像“锻造”和“痛苦”这样的词。这是一段精彩的文字，就应该这样讲出来，并让观众听到。即使他是照着笔记在讲，其语言当中流露出的诗意也使我们感到已被伟大作家的文字深深折服，我们希望他的演讲是预先写成的。（顺便说一下，安德鲁告诉我，他的确就是这样在酒吧跟朋友讲话的。我多么希望我能成为旁听者。）

像安德鲁这样的演讲是可以被品读的，或许说就应该被品读。但如果你采用这样的方式，即使你真的是一位伟大作家，也要让观众感觉到，你对讲稿非常熟悉，充满激情。每一句都是真情的流露，尽可能多地抬头看，与观众进行眼神交流。如果你希望在演讲结束时充满力量，那么就要在最后一页之前丢掉讲稿，离开演讲台，放下笔记，移步到舞台前方，由衷地大声说出你的结论。

无讲稿演讲

无讲稿演讲囊括了许多内容，从即兴发挥到精心准备再到设计演讲，同时还要辅以丰富的视觉资料，其共同之处就是，在演讲的时候你不是在试图回忆一个具体的、预先写好的句子，而是在思考主题，并且力求寻找表达思想的最佳语句。在这种情况下，至多有一套笔记用以指导你完成演讲。

无讲稿演讲有许多优点，它听上去新鲜、生动、真实，就像你是在边思考边大声说出自己的想法。如果这是你最喜欢的演讲方式，并且你对所讲的内容非常熟悉，那么这种方式或许是你最好的选择。

但重要的是要区分无讲稿演讲和无准备演讲。在重要演讲当中，后者是不可原谅的。许多无讲稿演讲效果糟糕，只有一些不完整的解释，没有任何结论，主题缺失且杂乱冗长。

因此，如何准备无讲稿演讲？这在很大程度上依赖于你计划带观众进行一场什么样的旅行，相对于一场试图阐释复杂理论或微妙论点的演讲来说，以一个简单故事为主线的演讲要容易得多。这一过程的关键在于，问问自己旅行的每一步是什么样的。至少，每一步的主题或许可以成为你演讲的要点或腹稿。

你还需要一些策略，以避免这种方法导致的明显缺陷：

1. 在某一刻，你突然无法找到解释关键概念的词语。对策：用多个版本大声讲出你旅行当中的每一步，直到你确信已经牢牢记住了每一步。

2. 你漏掉了一些重要内容。为此你要付出一定的心血，设计好每一步与下一步之间的过渡，使段与段之间的衔接自然流畅，这样做是值得的。你可以试着记住那些连接词，也可以把连接词列到笔记当中。

3. 你超时了。这对大会组织者以及所有在你之后出场的演讲嘉宾来说，都是一件令人沮丧的事，还可能让观众感到厌烦。千万不要超时，唯一的对策就是：A. 多次试讲，以确保在限定时间内完成，如果不能，就必须删减内容；B. 严格遵守时间，计算在规定时间一半的时间内你能完成多少内容；C. 你准备的演讲能在 90% 的规定时间内完成。

许多演讲者都会陷入一个误区——完全依赖于幻灯片。他们的幻灯片枯燥乏味，其中囊括了演讲涉及的所有内容和要点。这真的是一种非常可怕的演讲方式，如果你所说的每一个词都早已被观众看到，这个词就毫无力度，也无新鲜可言。

幻灯片使用得当能激发你的信心，使演讲顺利进行，但需要做得巧妙才行。例如，在幻灯片中，可以用与主题相关的图片来提醒自己演讲中的各个部分。这样，即使你突然忘词了，继续推进到下一张幻灯片，也会让你恢复记忆。但你也要知道，这样做并不理想。把握幻灯片转换的恰当时机能大大增强演讲的效果，你应始终记得在展示幻灯片之前制造一些悬念。“下面我们来看看城市的未来”（点击）要比（点击）“啊，是的，下面我想谈谈城市的未来”要好得多。

坦率地说，手写在卡片上的简短笔记这种古老的方式仍然不失为一种能随时提示你的好方法，你可以在笔记上记一些关键词，或引出下一段落的短语。

你要知道，观众真的一点都不介意你是否暂停演讲以查看笔记。你自己或许会感觉有点不舒服，但观众不会，关键是要坦然处之。当超级明星 DJ（主持人）马克·朗松（Mark Renson）来到 2014 年 TED 大会的舞台时，他在这方面做得非常好。有个地方他忘词了，但他只是微笑着，走过去拿起一瓶水，喝了一口，并对观众说这是他的记忆支撑。他查阅了笔记，又喝了一口水，等到他重新开始时，所有人都对他喜爱有加。

顺便说一下，背诵讲稿式演讲和经过精心准备的现场演讲哪一种更好，关于这个问题，TED 演讲嘉宾存在很大的分歧。

作家伊丽莎白·吉尔伯特坚决支持前者。

> 我总是背诵我的演讲——或者至少我尽可能地做到完全背诵。背诵让我感到舒适而安全，即兴演讲则让我感到混乱不安。即使对热衷于演讲的我们来说，公共演讲也可

能是可怕的，而恐惧会让你的大脑一片空白。但是，当我努力背诵演讲稿时，仿佛它是一首诗或一支歌，我只要站在那里背诵即可，即使我的大脑已陷入空白。我宁愿冒着听上去是在背诵的风险，也不愿听上去好像不知道自己要说什么，根本就没有准备。在第一次TED演讲中，我非常紧张，以至于在舞台上的最初5分钟里，我的大脑根本无法运转。但庆幸的是，我的深层大脑记忆和我的嘴巴仍在工作，这样，词语就像我在排练时那样脱口而出。随着时间一分一秒地流逝，我渐渐进入熟悉的状态，慢慢放松并开始适应。到了演讲中间部分时，我真的是享受其中，而且有点即兴发挥的成分。然而，在起初紧张不安时，严格的背诵使我感到安全。因此，我渐渐意识到，背诵就像战士的作战训练，当战役打响时，你要凭借本能去作战，而不是借助有意识的思考。

阿曼达·帕尔默也同意这种观点：

我是一个即兴高手，但演讲并不是即兴发挥的地方，尤其是在TED这样有着严格时间限制的舞台上。我试图避免那些自己或许会陷入停顿或有漫谈之嫌的地方，但当我写下来，重新修改并进行练习时，我意识到如果事先做好充分的准备，将40秒钟的漫谈提炼成5秒钟的精华，我就能传达更多有意义的信息。

帕姆·迈耶告诉我，背诵讲稿的理由在于，这样你能确保每一个句子都表达清晰：

> 你是否知道你在演讲的时候尤其偏爱某些部分？你必须喜欢每一个句子，必须检查讲稿和幻灯片，并问自己："这对我表述思想非常重要吗？这有趣吗？真的有趣吗？我喜欢说出这个句子吗？"检查每一个句子和每一张幻灯片，如果有的部分可有可无……那就删掉。

而萨尔曼·汗有不同的看法：

> 要相信你此时此刻传递的信息要比说出讲稿上正确无误的词语更有意义。我个人倾向于列出我想讲的要点，然后试着用自然的语言把要点讲出来，就像我在饭桌上跟朋友聊天一样，关键是专注于思想而不是词语。观众当然知道什么时候你是在思考，什么时候你只是在背诵讲稿。

史蒂文·约翰逊也同意这样的说法：

> 在我所有的 TED 演讲中，我有意地不去背诵，因为观众能清楚地听出背诵的痕迹，这样就缺少了向现场观众演讲时应有的自然与专注。背诵讲稿的另一个问题是，一旦背诵失败，那就是灾难性的。如果你只是在讲，遵循结构要点，即使出点小差错或偶尔忘词，除了你之外很少会有

人注意到。然而，如果你凭着记忆背诵时出现大脑空白，你很可能就会因为慌乱而陷入僵局，就像你的大脑提词器死机一样。

世界上最优秀的演讲者之一肯·罗宾逊也同意这种说法。他告诉我，在他关于创造性的精彩 TED 演讲中，有好几个部分都是即兴发挥的。

> 人们在舞台上可以采用任何演讲方式，只要演讲人感觉舒服、精神放松即可。如果背诵真的有效，他们就应该这样做，可是对我不同。我在演讲时喜欢与观众拉近距离，创造即兴演讲的空间。无论是面对 10 个人还是 1 万个人，也无论是在小论坛上还是大集会上，我认为重要的是与观众交谈，而不是对他们宣讲，而且要态度诚恳。不过，我会非常认真地准备演讲。当我走上舞台的时候，我清楚地知道走上台要讲些什么，同时我也希望与在场的观众建立联系。不管以前我曾在多少个会场演讲过都不重要，重要的是今天的观众永远是新的、不同的。

同时，丹·吉尔伯特认为这两种方法并不是完全对立的。他首先要做的就是写出演讲稿（注意要使用口语）。

> 但是，当我发表演讲时，我并不严格遵循所写的讲稿，那为什么还要写呢？因为在写的过程中你会发现问题！伟

大的演讲是讲稿式的，同时也是即兴的，这就像伟大的爵士乐表演：首先、开头和结尾都是固定的；其次，在第一声号吹响之前，总的结构就已经完全确定；但最后，使得爵士乐显得有趣而吸引人的就是，在一首乐曲中间总会有一些地方（或几个地方），表演者可能会脱离原稿，即兴地创作出在那个特殊时刻那个特殊场所触动那些特殊观众内心的音乐。表演者可以花一些时间这样做，但他一定要知道什么时候应该回归正道，而且他必须知道如何回归。完全即兴的演讲就像自由爵士乐：每一次演奏几乎都令人煎熬。完全讲稿式的演讲就像古典音乐会：婉转动听，曲韵悠长，表演毫无瑕疵，但常常都是可以预见的，观众会昏昏欲睡，因为他们从一开始就知道不会出现惊喜。

广告大师罗里·萨瑟兰（Rory Sutherland）也推荐两种方式的适当结合：

我想，丘吉尔曾说过："要事先排练你的即兴讲话。"或者，至少在你的演讲中留出空间，可以选择性地穿插题外话。如果整场演讲自始至终都完美无瑕，它会因为严密的逻辑而获得赞誉，但也会让观众感觉好像是在被迫进行长途跋涉，而不是一段令人轻松愉快的远足。

实际上，大多数 TED 演讲者的确写出整篇讲稿并进行背诵，他们尽力避免使之听上去是背诵。如果你有时间这样做，而且最终能避免机械呆板的背诵，这会让你讲出你想讲的话，并且避免背诵演讲中常见的问题。不过，如果你没有时间背诵，直到几乎能脱口而出，或者你知道这种方式并不适合你，那就不要这样做。

关键是找到让你感到自信的演讲模式，并精心准备。

如果到底选哪种方式让你很为难，也不必担心：开始排练的时候，你会发现两种模式之间慢慢变得没什么不同。开始部分或许会有所不同，但不管是哪种模式，你的演讲最终都应该经过精心准备并且充满激情地讲出来。

第十二章

串词：等等，我需要排练吗？

不管你决定采用什么样的演讲模式，有一种非常简单的方法可以完善你的演讲，但大多数演讲者很少使用这种方法：反复排练。

音乐家在演出之前需要排练，演员在为付费的观众打开剧场大门之前需要排练。对于公共演讲来说，演讲者面临的风险或许不亚于任何一场音乐会或剧目演出，甚至风险更高。可是，许多演讲者似乎认为，他们只要走上舞台，就能一次成功。这样导致的结果是，一次又一次，观众不得不承受漫长而无谓的痛苦，因为演讲者没有做充分的准备。这是极大的遗憾。

伟大的企业家史蒂夫·乔布斯获得成功，并不仅仅靠聪明才智。苹果公司每一次重要的产品发布会，他都会投入大量时间精心排练，每个细节都要考虑周全。

大部分精彩的 TED 演讲之所以成功，正是因为演讲者投入了大量的时间做准备。吉尔·博尔特·泰勒（Jill Bolte Taylor）关于她中风的演讲在2008年红遍网络，她告诉我：

> 我真的排练了无数个小时，一次又一次，甚至在我睡觉的时候也会像醒着一样背演讲稿，因为这篇演讲能激发我特殊的情感。每一次分享这个故事的时候，我都会重新经历自己中风的那个早晨，因为我的感情是真实的，这个故事也是真实的，我们是在一起经历这个过程。

干细胞科学家苏珊·所罗门（Susan Solomon）同样相信排练的作用：

> 准备发表演讲前，你应该已经排练了足够多的次数，以至于感觉在睡觉的时候都可以演讲，在任何观众面前都可以演讲。可以在朋友面前排练，或独自排练，或闭着眼睛排练，或在公园散步时排练，或坐在桌子边排练但不看笔记。排练一定要包括你的视频资料，因为严格计时非常重要。

雷切尔·博茨曼（Rachel Botsman）认为，需要注意排练的对象：

> 要面对对你的工作一无所知的人排练。我曾经犯过的错误就是，面对非常了解我也了解我工作的人排练。最好

的意见反馈来自这样一些人，他们能够指出你演讲当中问题出在哪里，或者你在什么地方做了一些想当然的假设，但观众需要了解其原委。

自称内向的苏珊·凯恩（Susan Cain）认为，在排练时，观众对完善她的演讲具有重要的作用：

我真心接受TED的建议：如果你打算背诵，就要确保对讲稿足够熟悉，使你讲出来的话听上去是由衷的表达。只在镜子前或者在你遛狗的时候排练还不够，要在真实的舞台上，对着至少一位观众进行排练。就在我演讲前的那个星期五晚上，沃顿商学院教授亚当·格兰特召集了30名非常优秀的学生作为观众，我对着他们排练。他们提出的意见非常中肯，我通宵重写了后1/3演讲稿，之后，我又在剩余的周末时间重新背诵。我并不建议大家像这样一直准备到最后一刻，但我真心建议要面对真实的观众进行排练，并且要与像亚当一样的智者朋友共事。

但令人惊奇的是，即使那些不赞同写演讲稿并背诵的演讲者也非常重视排练。教育改革家萨尔曼·汗说：

你在卧室至少要排练五次，复述核心思想。即使你出错或者忘词，也要强迫自己完成每一次排练（而且一定要遵守时间）。在我心里，排练的价值更多在于让你感到舒适、放松，而不是为了背诵。如果你感到轻松自信，那么所有人都会受到感染。

科学作家玛丽·罗奇（Mary Roach）同意这种观点：

> 我的演讲不是一字一句写出来或背诵出来的，而是排练出来的——至少排练25次，用10张笔记卡片和一个定时器。有一种无意识的背诵，它自发地形成于不断的重复。我认为这种方式值得推荐。背诵会让你感觉更加安全，但冒点风险也是值得的。恐惧就是能量，你的血液中需要这样的能量。

无意识的背诵非常重要。如果你的排练次数足够多，你就知道怎样才能做到最好。当克莱·舍基来到TED演讲时，他的主题是有关版权法案日益扩大的争议问题。令我惊讶的是，他能流畅地进行如此复杂的演讲而不用讲稿，甚至不用笔记。我问他是怎么做到的，他的回答是：不断排练，使演讲水到渠成。他说：

> 我曾经听到罗恩·沃特——他是我所知道的最伟大的演员——回答一个关于排练技巧的问题。他说："我就是不断地重复这些文字，使之听上去是我有感而发的。"我是这样做的——通过讲话来准备演讲，开始只有一个基本的想法，找出一两个引导性的句子，然后想象自己把它解释给

一些感兴趣的人听。

开始的时候，演讲者只是在斟酌讲什么合适，讲什么不合适——更像是编辑而不是排练。在那次 TED 演讲中，我深刻感受到了电视之外的产业空白，但总是感觉很难填补这些空白，因此我放弃了。然后，演讲变成了调整节奏和计时。到最后，大部分时间我只是在讲转折性的语句。当然，幻灯片很有帮助，但排练如何过渡尤其重要。观众需要在你的声音中听出什么时候你是在深入探讨一个思想，什么时候你是在转换话题。

我一直以来都是做书面笔记，但从来不写演讲稿——演讲不应该感觉像是大声朗读出来的书面材料。相反，我会列出要点：首先是关于《数字千年版权法案》（DMCA）的想法，其次是关于《禁止网络盗版法案》（SOPA）的想法，然后是关于域名服务器（DNS）的想法，等等。在上台之前，我会列出这些要点，作为最后用来梳理脉络的提示。

如果你把凯恩、汗、罗奇和舍基的建议汇聚在一起，就会看到背诵演讲和即兴演讲之间的距离开始变小。在最好的背诵演讲中，演讲者对演讲内容的理解透彻熟练，能对所讲内容全情投入。最好的即兴演讲是演讲者进行过无数次的排练，能确切地知道演讲该如何推进，而且对那些有力的语言表达了然于胸。

我们在这里真正探讨的并不是两种不同的发表演讲的方式，而是两种不同的设计演讲的方式。有些人以讲稿为起点，另一些人则以一组要点为起点，但排练过程缩小了两者之间的距离。在两种情况下，目标都是现场发表经过精心设计的演讲。

或许这时你会反驳说，你讨厌经过排练的演讲。当然，无论演讲者如何尽力使演讲看上去轻松自如，观众都能看出排练的痕迹。演讲应该新鲜独特、生动有力。

我知道或许有一小部分演讲者能做到这一点，他们的演讲是基于自身经验，或者他们有一种非凡的能力，能即时构建一种思想并就此展开论述。但对大多数人来说，“新鲜的”演讲付出的代价是：无中心、无重点、不清晰、拖沓冗长等。我真的不推荐这种方法。当人们认为演讲听上去是排练过的，问题并不在于排练次数太多，而是太少，演讲者尚未做到熟练驾驭内容。

但我们必须承认，排练的确很难，从来都不容易，甚至在卧室大声练习串词都非常艰难。或许在有些演讲场合下，你会觉得花时间这样做并不值得（在这种情况下，依照随身携带的要点笔记进行演讲，或者依据讲稿尽可能多地将视线移开讲稿抬头进行演讲，是你最好的选择）。但如果是重要的演讲，为了自己，也为了观众，你应该通过排练来克服压力，这样，压力就会变成自信，最后就会变成激情。

作家特蕾西·舍瓦利耶（Tracy Chevalier）克服了对排练的

抵触情绪，意识到排练的确能够改善演讲：

> TED 主办方十分注重排练，他们多次告诉我要排练，我甚至对此有点生气。我已做过许多公共演讲，但从来没有像 TED 建议的那样排练。然而，最终我还是排练了，而且感觉非常好。大部分演讲并没有如此严格的时间限制，而我的风格又常常是谈话式的，需要娓娓道来。在练习过程中，你会意识到在大多数演讲中存在多少无聊的废话。要练习并准确计时，删除所有的题外话和不必要的内容。我还发现，当大声讲出来的时候，竟然找到了非常有效的词语，于是我记住那些词语，把它们当作支撑点。我并没有背诵整篇演讲——那听上去会很假，除非你是演员——但我的确记住了框架结构和那几个重要词语，这使演讲更加精炼，也更加精彩。

甚至比尔·盖茨这位世界上的大忙人之一，也花费很多心血去斟酌并排练他的 TED 演讲。他曾经被认为是一个蹩脚的公共演讲家，但经过认真准备，他取得了很大进步，并且已经就公共卫生、能源以及教育等方面发表了精彩的演讲。

如果比尔·盖茨、苏珊·凯恩、特蕾西·舍瓦利耶和萨尔曼·汗都肯花时间为重要演讲进行排练，那么或许你也值得为此付出努力。

以下是在排练期间或排练之后需要问观众的一些问题：

- 我的演讲一开始就吸引了你的注意力吗？
- 我有眼神交流吗？
- 我的演讲是否成功地为向你传递了新的思想？
- 演讲的每一步都令人满意吗？
- 在阐述观点的过程中有足够的例证吗？
- 我的声音如何？听上去是谈话式的（通常是好的）还是布道式的（通常是坏的）？
- 有足够的语调和节奏变化吗？
- 我听上去像是在背诵吗？
- 其中的幽默显得自然还是有点牵强？有足够的幽默吗？
- 视觉资料如何？它们对演讲有助益还是有妨碍？
- 有没有令人讨厌的地方？我是否在咋嘴？频繁地吞咽？左顾右盼？重复使用“你知道”或（更糟）“比如”这样的字眼？
- 我的肢体动作自然吗？
- 我按时完成演讲了吗？
- 你是否有感到乏味的时候？有没有需要删减的部分？

建议让人用智能手机对排练进行录像，这样你就能看看演讲时的自己，或许很快就会注意到一些此前你完全没有意识到的小动作，你希望避免这些动作。

最后说说时间限制。严格遵守时间限制真的非常重要，当你参加集体活动时这毫无疑问，超时相当于偷窃在你之后出场嘉宾的时间。按时结束演讲不仅能避免使其他嘉宾以及大会主办方抓狂，而且关乎你能否发表精彩的演讲。在令人疯狂的注意力经济时代，人们欢迎简洁有力的演讲，而对拖沓冗长的演讲毫无耐心。这并不是一种新现象。亚伯拉罕·林肯著名的盖茨堡演说只有短短两分多钟的时间，排在他之前的演说持续了两个小时，但其演说内容却早已被人们遗忘。

真正演讲的那天，你最不希望拖延时间。为了避免这个问题，可以利用排练进行调整。必须删减内容，直到你确信能在规定时间内从容地完成演讲，这会给观众留出笑的时间和出现一两个小差错的时间。在演讲当天，如果你知道能按时完成，就会全身心地投入演讲，充满激情地阐述你所信奉的思想。

口头语言艺术家里夫斯有一个很好的指导原则：

> 你的参考时间是可用时间乘以 0.9。要准备在 9/10 的规定时间内完成演讲：1 小时 =54 分钟，10 分钟 =9 分钟，18 分钟 =16.2 分钟（是的，没错）。然后走上舞台，忘掉时间。你将会有足够的空间放慢节奏、停顿、加速或享受观众的掌声。此外，你的文字会更加精炼，而且会比那些卡着时间结束演讲的嘉宾做得更好。

小结：

- 对于重要的演讲，多次排练非常重要，最好对着你信任的人排练。
- 不断排练，直到你能轻松地在规定时间内完成。一定要听取观众的真诚反馈。
- 你的目标是，对最终的演讲结构烂熟于心，这样你就能专注于想要表达的思想。

第十三章 开场与结尾：你想给观众留下什么样的印象？

不论你是否背诵演讲稿，开场与结尾方式都非常重要。在演讲开始时，你大约有一分钟的时间让观众对你演讲的内容产生兴趣，而收尾的方式会直接影响你的演讲将如何被观众记住。

不论你怎样完成演讲的其他部分，我强烈建议你写出并且背诵开场和结尾部分，这有助于你缓解紧张、增强信心，而且能使演讲更加有力。

四种好的开场方式

观众的注意力真的非常珍贵。你走上讲台的那一刻一定要抓住观众的注意力，千万不要用闲聊把它消耗掉。你很荣幸站在这里，或者你应该感谢主办方的妻子，这些真的并不重要，重要的是要使观众不敢有丝毫懈怠。你的演讲一开始就要吸引观众，可以做一段精彩的陈述，提出一个有趣的问题，讲一个简短的故事，或展示一张精美的图片。

当然，有些场合下你可以在开场简短地表示感谢，尤其是当观众有一种强烈的群体意识时。在这种情况下，一开始就对一些人表示感谢或许完全正确，它会使你成为这个群体当中的一员。但是，如果你要这样做，请用一种非常个人化的方式，最好是带点幽默，真诚温暖地表达你的谢意。比尔·克林顿擅长于此，他会找一个能使主人非常舒服的个人趣事，同时又与其他客人建立联系。然而，即使在群体环境中，也要控制感谢的话语，冗长而枯燥的致谢在任何情况下都会扼杀观众的兴趣。不管你用什么方式演讲，要确保开场令人印象深刻。

记住，在我们生活的现代社会，任何内容片段都要加入注意力大战，与无数其他信息争夺人们的时间和精力。你站在舞台上面对在座的观众时也是如此，他们口袋里装着叫作智能手机的致命干扰器，可用来浏览无数的其他外界信息。一旦手机上的邮件和文本吸引了他们的注意力，你的演讲就注定会失败。然后，现代生活中潜伏的魔鬼就会出现——倦怠。这些都是致命的敌人，你绝不想给观众走神的机会，因此，你必须做一个聪明的将军，赢得这场战争的胜利。精彩的开场是你最重要的武器之一。

当你的演讲对象是在线观众因而需要录像时尤其如此。人们只要轻轻点击鼠标，就会出现许多其他有趣的演讲、文章和问答测试。如果你浪费掉演讲开场时的一分钟，那么在线观众还没有体会到趣味的时候，很多人就已经抛弃了你。这将决定你的演讲是被广为传播，还是悲剧性地夭折。

以下是吸引观众注意力的四种方式：

1. 加一点戏剧性的元素

开场白非常重要。

喜剧演员梅苏·扎伊德（Maysoon Zayid）由于出生时的医疗事故导致脑瘫，她颤抖着走上 TED 舞台。她的开场白是这样的：“我没醉……是给我接生的医生醉了。”哇！尽管她的外表出人意料，但我们很快意识到将会听到一场精彩的演讲，全场观众的视线与注意力全都集中到了她身上。

英国厨师杰米·奥利弗（Jamie Oliver）来到 TED 领取我们一年一度的 TED 大奖时，他的演讲开场白是这样的：“令人悲伤的是，在接下来的 18 分钟里……四个在世的美国人将死于他们所吃的食物。”我相信你一定很想继续听下去。

在设计开场白时，要让主线作为向导。怎样才能用一种吸引人的方式引出你演讲的主题？问问自己，如果你的演讲是一部电影或一部小说，它会怎样开始？这并不意味着你必须一开始就加入一些非同寻常的元素，你真的只有很短的时间来吸引观众，在第一段结束之前，必须抛出一些实实在在的干货。

扎克·易卜拉辛（Zak Ebrahim）带着一个难以置信的故事来到2014年TED大会。但在最初的讲稿中，他计划这样开场：

> 1983年，我出生在宾夕法尼亚州匹兹堡市，我和蔼的母亲是美国人，父亲是意大利人，他们尽力为我打造了一个幸福的童年。直到我7岁的时候，我们家开始发生一些改变。父亲让我看到了伊斯兰教当中很少有人——包括大部分穆斯林——能够看到的一面。但事实上，当人们用心去互相交流时，很快就会意识到，在大部分情况下，所有人对生活的期许都是相同的。

这个开场白没有问题……但无法真正抓住你的眼球。我们与扎克进行了头脑风暴，以下是他修改过的版本：

> 1990年11月5日，一个名叫埃尔·赛义德·诺塞尔的男子走进曼哈顿的一家旅馆，刺杀了犹太人防卫联盟的领袖拉比·梅厄·卡亨。诺塞尔起初并没有被指认参与谋杀，但他因一件小事入狱服刑期间，便和一些人开始计划袭击纽约市的一些地标建筑，包括隧道、犹太会堂和联合国总部。庆幸的是，那些计划被美国联邦调查局的线人挫败了。不幸的是，1993年那场世贸中心的爆炸袭击却发生了，诺塞尔最终被指控参与了这场犯罪谋划。埃尔·赛义德·诺塞尔就是我的父亲。

全场观众为之震惊。这段开场白在网络上产生了同样的效果，他的演讲很快创下 200 万的点击纪录。

以下是社会学家艾丽斯·戈夫曼（Alice Goffman）发给我们的原始讲稿开场：

> 当我还是宾夕法尼亚大学的一名大一新生的时候，我选修了一门社会学课程。这门课需要我们走出去，通过观察和参与进行城市研究。我得到了一份在校园餐厅工作的机会，制作三明治和沙拉。老板娘是一位 60 多岁的非裔美国女性，她生活在离宾夕法尼亚不远的一个黑人社区。第二年，我开始辅导她的孙女爱莎，她那时刚上高中。

她只是在用一种她认为比较自然的方式讲述她的故事，但当她来参加 TED 大会演讲时，修改后的开场白精彩异常，与她演讲中燃烧的激情相得益彰。

> 在美国孩子成长的道路上，有两个机构监督着这段旅程。第一个是我们经常听到的：大学。大学有一些缺点，学费昂贵，使年轻人负债累累。但不管怎么说，那是一条不错的路……
>
> 今天，我想谈一谈在美国监督孩子成长之旅的第二个机构，这个机构就是监狱。

这个精彩的设计使她用一种非常吸引人的方式讲述美国囚

犯的悲剧：哎，他们本应该在上大学的。

当然，这种方式也有可能由于过度戏剧化而失去观众。或许在用戏剧性的元素吸引观众之前，你要首先与他们建立联系。你当然不想过度简化所探讨的主题，但如果方法得当，这不失为一种有效的演讲开场方式。

2. 激发兴趣

如果我给你机会去聆听一场关于寄生虫的演讲，我想你一定会拒绝。但是，如果你遇到科学作家埃德·杨（Ed Yong）就不会了。以下是他的开场：

> 一群角马，一群游鱼，一群飞鸟……许多动物都是成群结队活动的，这是自然界最宏伟壮观的现象之一。但为什么会形成这样的动物群？一般对这个问题的回答不外乎：群体出行更安全，或是便于猎食，或是为了交配繁殖。这些解释尽管常常是正确的——对动物行为做了一个大胆的假设，即动物能控制自身的行为，能控制自己的身体——但往往事实并非如此。

他继续描述道，有一种小虾聚集在一起，只是因为它们的大脑已经被寄生虫占领，寄生虫需要这些小虾进入其捕食者火烈鸟的视线，只有在火烈鸟的体内寄生虫才能延续生命。在不到一分钟的时间里，你的大脑开始变得有点混乱，什……什么?! 自然界真的会发生这样的事情?? 你渴望了解更多，怎么回事？为什么？这究竟是怎么回事？

激发兴趣是吸引观众的最简单有效的工具。如果演讲的目标是让观众接受一种思想，那么兴趣就是促使观众积极参与的催化剂。

按照神经学家的说法，要创造出大脑渴望去填补的知识缺口。要达到这一目的，唯一的方式就是让大脑的主人认真聆听你所讲的内容，这种方法很好。

怎样才能激发兴趣？最简单的方式就是提问，但不是随便提问，而是问有趣的问题。

“我们怎样才能为所有人开创一个更好的未来？”这样的问题太空洞，简直是陈词滥调，令人厌倦。

“这个银行账户不足200美元的14岁女孩，是怎样让整个村庄实现了迈向未来的巨大飞跃？”这才是真正的演讲。

有时候，一个小小的阐述就能把一个普通的问题变成激发兴趣的关键点。以下是哲学家迈克尔·桑德尔（Michael Sandel）的开场：

> 有一个问题值得我们重新思考：在社会上，金钱和市场应该扮演什么样的角色？

你是否有了兴趣？或许有，或许没有。来看看后面他会怎么说：

> 今天，几乎很少有金钱买不到的东西。如果你被判进入加利福尼亚州的圣巴巴拉监狱服刑，你应该知道，如果你不喜欢标准房间，可以购买一个高级监房，这是真的。你认为需要多少钱？你猜猜是多少？500美元？那不是丽思卡尔顿酒店，那是监狱！每晚82美元。

如果他的开场白并没有即刻吸引你，那么可怕的监狱案例会表明为什么这个问题非常重要。

实际上，善于激发兴趣的演讲者常常不会直接提问，至少最初不会。他们只是用一种出人意料的方式引出主题，从而激发观众的兴趣。

以下是V·S·拉马钱德兰（V. S. Ramachandran）的开场白：

> 我研究人类大脑，研究人类大脑的功能和结构。我想让你们想想这意味着什么。这是一个3磅重的胶状物，可以把它放在手心里，它能思考宇宙空间，能思考无限的意义，也能思考自己在思考无限的意义。

是否激发了你的兴趣？我是被激发了。同样，天文学家扬纳·莱文（Janna Levin）找到了一种让我对她的工作产生兴趣的好方法。

> 我想请所有的人都思考一下这个简单的事实：到目前

为止，我们关于宇宙的大部分知识都来自光。我们站在地球上，仰望夜空，能用肉眼看见星星。太阳照亮了我们周围的一切，我们看到月亮反射的光。自从伽利略将原始的望远镜对准天体，已知的宇宙已经跨越宇宙历史上漫长的世纪，通过光进入我们的视野。利用现代望远镜，我们能把这一令人惊异的宇宙无声电影尽收眼底——可以得到上溯到大爆炸时代的一系列图像。然而，宇宙并不是无声电影，因为宇宙并不是无声的。我想告诉你宇宙也是有声音的，这个声音是空间本身发出来的，因为空间能像鼓一样震动。

好奇心是吸引观众聆听演讲的磁石，如果能有效地使用，你甚至可以让棘手的话题变得妙趣横生。

关于“棘手的话题”，我指的不仅仅是高等物理，更棘手的是富有挑战性的问题。如果你想提出关于艾滋病、疟疾或奴隶制的新思想，就不得不承认人们很难敞开心扉聆听这样的话题，他们清楚地知道一定会有某个时刻让他们感觉不舒服，因此就会早早失去兴趣，拿出手机把玩。解决这个问题的最好方式，就是用好奇心作为引导。

如前所述，埃米莉·奥斯特在关于艾滋病的演讲中就是这么做的，没有观众想象中令人恐怖的描述。她开始时问道，我们所了解的关于非洲艾滋病的四件事情是否是真的？她在一张幻灯片上列出了这四件事情，它们看上去似乎都是真的，但显然她要对此一一提出质疑。于是，观众的思想发生了转变，她成功地吸引了观众的注意力。

如果你的演讲富有挑战性，那么观众的好奇心或许是最有力的助推器。

3. 展示抓人眼球的幻灯片、视频或实物

有时候，最吸引人的开场是一幅精美的图片或一段有趣的视频。

画家亚历克莎 · 米德（Alexa Meade）开场时首先展示了她的一幅精美作品，并且说道："你或许想要更近距离地观看，你的眼睛无法看到这幅画的全部。是的，这是一幅丙烯画，但我并没有在画布上作画，而是直接在人体上作画。"哇！

埃洛拉 · 哈代（Elora Hardy）在开场时说道："在我 9 岁的时候，妈妈问我，希望我的房子是什么样的，我就画了这个漂亮的蘑菇。"她展示了一幅可爱的儿童画作，"然后妈妈真的造了这样一所房子。"当她展示妈妈所造竹屋的图片时，观众发出啧啧的赞叹声。那只是作为建筑师的埃洛拉展示系列优秀作品的一个引子。只是短短两句话，观众就已经为之折服。

如果你有合适的素材，这显然是演讲开场的最好方式，千万不要说，"今天我打算跟你们谈谈我的创作，但首先我要讲点背景知识……"你可以这样开始："我要让你们开开眼。"

显然，这种方法适用于摄影师、画家、建筑师、设计师或其他以视觉创作为主的人，它同样适用于概念性的演讲。当戴维 · 克里斯蒂安（David Christian）利用 18 分钟的时间讲述宇宙历史的时候，他开场首先放了一段鸡蛋被打碎的视频。在短短 10 秒钟左右的时间里，你看到那个过程开始逆向进行——鸡蛋逐渐恢复原状。就在这段有趣的开场视频中，他揭示了演讲的主线……时间是有方向的，宇宙发展的历史就是日趋复杂的历史。

一张精美的图片能吸引观众的注意力，但真正的冲击力常常在于揭示图片令人惊讶之处。卡尔 · 齐默（Carl Zimmer）的演讲开始于一张金小蜂的精美图片，但他接着指出，它是通过将蟑螂变成僵尸，然后在它们的尸体里产卵为生的（这是在 TED 演讲中关于讨厌的寄生虫的另一个成功案例）。

根据你所拥有的材料，你有许多种方法设计出更吸引人的开场。

“你要看到的这幅画改变了我的一生。”

“我要给你们播放一段视频，它初看上去或许会显得不可思议。”

“这是我的第一张幻灯片，你能看出这究竟是什么吗？”

“直到两个半月之前，才有人把目光投向这件物体。”

找到一种你认为适当的开场方式，要引人入胜，但也要真实可信，它会增强你的信心，使你真正投入演讲。

4. 留有悬念，不要和盘托出

有时候，演讲者试图在开场段落中涉及太多内容，基本上泄露了演讲当中的点睛之处。“今天我要告诉你们，作为一名企业家，成功的关键，简单来说就是：决心。”一个不错的主题，但此时演讲者或许已经失去了观众，他们认为早已熟知这样的演讲，即使接下来的演讲生动有趣、富有逻辑、充满激情、令人信服，也不会有观众愿意听了。

假设演讲是这样开始的：“在接下来的几分钟里，我要告诉大家，作为企业家，获得成功的重要品质是什么，以及在场的所有人如何培养这种品质。你可以从我要讲的故事中获得一点启示。”或许你至少会多花几分钟的时间去认真聆听那位演讲者的演讲。

因此，不要一开始就和盘托出，想想看什么样的语言会吸引观众，使他们想要跟你一起踏上旅程。针对不同的观众，要使用不同的语言。我曾经提到，当我还是个孩子的时候，我不太喜欢被拉出去走路，爸爸妈妈晓之以理，动之以情，做了很大的努力……但最终还是以失败告终。他们会说：“我们出去走走吧，你会看到美丽的田野风光。”那个瘦弱的 6 岁小孩就是我。坦白说我一点都不在意什么美景，宁愿一直在那里哭哭啼啼。后来，他们变聪明了，找到了一种更加巧妙的方式。“我们要犒劳你一下，去一个特殊的地方，在那儿你可以在 5 英里的开阔地带玩纸飞机。”作为一个喜欢所有能飞的东西的小孩，我先他们而踏出房门，其实那同样是外出走走。

把重要的启示留到演讲的中间或末尾是恰当的做法。在开场时，你唯一的目标就是让观众敞开心扉，陪伴你共同开启一段有趣的发现之旅。

正如J·J·艾布拉姆斯（J. J. Abrams）在TED演讲中讲到的神秘力量，电影《大白鲨》的冲击力多半归功于导演史蒂文·斯皮尔伯格在电影前半部分一直在隐藏大白鲨。当然，你知道它会出现，但它隐而不现，能把你一直留在座位上。

演讲的时候，不妨利用一下你内心的“大白鲨”。伊迪丝·威德就是这样做的，但她借助的是另一种海洋生物。在做关于她的团队发现巨型乌贼的TED演讲时，她当然希望有一个令人震撼的开场。她展示乌贼令人惊奇的庞大身躯了吗？没有。她的第一张幻灯片是一位著名画家创作的北海巨妖画，那是挪威神话中类似乌贼的一种海洋怪兽，这样，她的故事就有了神话的根基。正因为起初的隐身，当巨型乌贼出现的那一刻，效果似乎要震撼百倍。

这种方法适用于神奇的生物，也同样适用于神奇的突破。斯坦福大学的教授李飞飞2015年来到TED分享了她令人震惊的研究，展示了机器学习如何使电脑直观地识别照片内容。但她并没有一开始就进行演示，而是先播放了一段视频，其中一个3岁的小孩正在观看图片并识别内容。“一只小猫坐在床上。”“小男孩在摸大象。”然后她告诉我们，小孩表现出的能力有多么神奇，如果我们能训练电脑发展同样的能力会多么有意义。这是描述她研究的一个非常好的开始，令人惊叹的智能机器人后来才出场，我们自始至终都被深深地吸引着。

如果你决定留点悬念，请注意，要指出你要去哪里以及为什么去，这非常重要。你不必展示鲨鱼，但我们需要知道它最终会来。所有的演讲都需要让观众清楚——你要去哪里，你现在在哪里，以及你到过哪里。如果观众对此一头雾水，很快就会迷茫。

在设计演讲开场时，你可以从上述例子当中获得灵感，还可以结合我们先前讨论过的一些技巧：可以讲故事，或者逗观众发笑，关键是要找到适合你也适合演讲主题的方法，并对着朋友进行试讲。如果感觉不自然或过于戏剧化，那就换一种方法。要记住，你的目标就是在短时间内让人们相信聆听你的演讲是值得的。

我从事杂志行业时，我要求编辑和设计师意识到，杂志封面必须在一场两阶段的考验中赢得读者的注意力。首先是前半秒的考验：当读者的眼睛扫视报摊时，封面上有没有一些吸引眼球的东西使他驻足片刻？接下来是 5 秒钟的考验：读者一旦驻足观看，他是否会在封面上读到一些足够吸引人的文字从而使他拿起杂志？

你可以用同样的方式想象演讲的开场，只是计时方法不同。首先是一场 10 秒钟的考验：你能否在开始短暂的时间里在舞台上做点什么，以确保人们在你建构演讲主题时保持专注？其次是 1 分钟的考验：利用这 1 分钟的时间，你要让观众愿意跟随你开启一段新的旅程。

上述四种技巧为经受考验的两个阶段提供了最佳的选择，能使你的演讲有最好的开场。你或许想在开场中融合两种或更多技巧，但不要试图使用所有的技巧，只要选择你认为适合你的就好。之后，你就可以带领全神贯注的观众共同开启演讲之旅。

七种有力的结尾方式

如果你在演讲过程中已经抓住了观众的注意力，不要用平淡无奇的结尾将其毁掉。正如丹尼尔·卡尼曼在他的著作《思考，快与慢》[①] 及其 TED 演讲中所揭示的那样，人们如何记住一件事情与他们如何经历一件事情是完全不同的。对于记忆而言，最后的体验非常重要。简言之，如果结尾不令人难忘，那么演讲本身可能也不值得记住。

以下是几种不可取的结尾方式：

- “嗯，时间到了，所以就此结束吧。”（你是想说，还有很

---

① 本书简体中文版已于 2012 年 8 月由中信出版社出版。——编者注

多想要说的，但因为没计划好，所以没法讲给我们听？）

- “最后，我想感谢我优秀的团队成员，他们是戴维、乔安娜、加文、萨曼莎、李、阿卜杜勒和赫齐卡亚，还要感谢我所在的大学以及大会主办方。”（很好，但你在乎他们要超过在乎你的思想、超过在乎我们这些观众吗？）
- “因此，鉴于这个问题的重要性，希望我们能够一起再次进行探讨。”（探讨?! 难道这听上去不愚蠢吗？那样的探讨结果会是什么？）
- “未来充满挑战与机遇，在场的每一个人内心都有未来，都能有所作为。让我们一起梦想，改变世界，使它成为我们期待中的模样。”（的确富有情感，但这样的陈词滥调真的毫无益处。）
- “我要用这段视频来结束我的演讲，它可以概括我的要点。”（不要！永远都不要用视频来收尾，你要自己收尾！）
- “这就是我的结论，现在还有问题吗？”（这样的结尾，连你自己都不会鼓掌吧？）
- “抱歉我没有足够的时间在这里讨论一些重要问题，还好这至少让你们对这个主题有所了解。”（不要道歉！要加倍认真地进行设计！你的任务是在限定的时间内做你能做的最好的演讲。）
- “最后，我必须指出，如果我们能获得足够的资金支持，我的团队或许能解决这个问题。你们能和我们一起改变世界。”（啊，这么说你的演讲自始至终就是一场募款宣传？）

- “感谢你们成为我优秀的观众，我非常享受站在这里为你们演讲的每一分钟，我会永远记得这次经历。你们是如此耐心，我知道你们会利用今天所听到的，来完成一些神奇的事情。”（简单的一句“谢谢”或许会更好。）

令人惊讶的是，有多少演讲以失败而告终，又有多少演讲采用了各种虚伪的结尾方式，仿佛演讲者舍不得离开舞台。除非你仔细地设计结尾，否则就会发现自己在画蛇添足。“最后，重点是，正如我说的……所以，综上所述……需要重新强调的是，这为什么重要……当然，重要的是要牢记……啊，最后一点是……”这些话令人厌倦，会破坏演讲的效果。

以下是七种可取的结尾方式：

1. 镜头回放

你已经在演讲中解释了一项特殊的工作，在结尾的时候，为什么不给我们展示一下你的演讲指出的更宏伟的图景、更广阔的可能性呢？

戴维·伊格尔曼（David Eagleman）指出，人类大脑可以被视为一个模式识别器，如果你将新的电子数据与大脑相连，大脑就会翻译这个数据，就像数字来自另一个感官。这样，你就能本能地实时感知到崭新的世界。他在结尾时暗示了这种技术将带来的无限可能性。

> 想象一下一位宇航员能感觉到国际空间站的运转状况，或者，你能感觉到自己看不见的健康状况，如血糖和微生物菌群状况，或者拥有360度的视野，或者能看到红外线或紫外线。所以关键是，未来，我们将越来越能选择我们的外部设备，而不必等待自然母亲根据她的日程表来给予我们感官馈赠。就像任何一位好母亲那样，自然已经给了我们所需要的工具，让我们走出去并选择我们自己的道路。现在的问题是，你想怎样走出去体验你的世界？

2. 号召行动

如果你已经给了观众一个有力的思想，为什么不鼓励他们付诸行动呢？

哈佛商学院的埃米·卡迪教授在她关于肢体语言的演讲结束时，请求人们在生活中尝试这种有力的身体姿势，并将其传递给其他人。

> 把这种姿势告诉别人，因为最常使用它的是那些没有资源、没有技术、没有地位、没有权势的人。他们可以私下练习，只需要他们的身体、私密的环境和两分钟时间，

就会大大改变他们的生活。

或许正是那个自信的号召促成了演讲的巨大成功。

在关于公共耻辱的演讲中，作家乔恩·龙森（Jon Ronson）最后的号召简洁有力。

> 社交媒体所做的最了不起的事情是，它赋予失语的人们以声音，但我们现在正在创造一个被监视的社会，在这里，最聪明的生存方式就是回到失语的状态。请不要这样做。

3. 个人承诺

号召观众行动起来是一回事，但有时，演讲获得成功是由于演讲者做出了巨大的承诺。在TED舞台上最富有戏剧性的例子是比尔·斯通（Bill Stone）的演讲，他的主题是人类返回月球的可能性。他相信一次探险能为后人创造一个巨大的新产业，开启空间探险的旅程。之后他说：

> 最后我想在这里，在TED演讲的舞台上，向大家郑重承诺，我要领先开创这场空间探险之旅。

类似这样的个人承诺非常有号召力，还记得第一章当中埃隆·马斯克的例子吗？“就我而言，我永不放弃，永不。”那是让他的SpaceX团队重拾信心的关键。

2011 年，游泳运动员黛安娜 · 奈德（Diana Nyad）在 TED 演讲中描述了她如何尝试去做从来都没有人做到的事情：从古巴一直游到佛罗里达。她曾经尝试过三次，有时候坚持 50 小时不间断地游，勇敢面对危险的激流，承受几近致命的水母叮咬，但最终还是失败了。在演讲结束时，她点燃了观众的激情，说道：

> 那片海洋依然在那里，这个希望依然鲜活，我不想成为那个屡战屡败的疯狂女人……我能够从古巴游到佛罗里达，我一定会从古巴游到佛罗里达。

当然，两年之后她重返 TED 舞台，讲述她如何在 64 岁的时候最终实现了梦想。

正如对所有事情一样，做出重要的承诺需要判断。如果判断失误，不仅当场会引起尴尬，之后还会导致信誉的丧失。但如果你热衷于将思想转变成行动，或许非常值得一试。

4. 价值和愿景

你能否将你探讨的思想转变成鼓舞人心或充满希望的未来愿景？许多演讲者都曾经尝试过。丽塔 · 皮尔逊（Rita Pierson）做了一场精彩的演讲，探讨教师为何需要与学生建立真正的联系。她在演讲结束时说：

教与学应该带来快乐。如果我们的孩子不畏艰险、大胆思考、都能获得冠军，那我们的世界将会多么强大？每一个孩子都能获得冠军，成年人永远都不要放弃他们，要懂得支持的力量，坚持认为他们会成为最好的自己。这项工作很艰巨吗？当然，毫无疑问。但我们是教育工作者，我们的天职就是重塑他人。非常感谢大家！

在做完这次演讲几个月之后，丽塔就去世了，但她的号召力依然在不断延续。凯蒂·波依诺写了一篇感人的悼念词：“我以前不认识她，直到那天我才了解她。就在那天，她通过演讲深深触动了我的内心，我终于知道为什么自己做了 30 多年的老师。”

5. 重新审视

有时候，演讲者会从另一个角度重新定义他们讨论的主题。治疗专家埃丝特·佩瑞尔（Esther Perel）提倡用一种新的、更加诚实的方式对待不忠，其中包括原谅。她在结束时说：

我从双重的视角看待出轨行为：一方面是伤害与背叛，另一方面是成长与自我发现——它对你有什么影响，它对我又意味着什么。当一对夫妻在出轨暴露而余波未平之际来到我这里时，我常常会告诉他们：今天在西方，大多数人会有两到三段亲密关系或婚姻，有些人会与同一个人经历这两三段亲密关系或婚姻。你们的第一段婚姻已经结束，想不想一起创造第二段婚姻呢？

阿曼达·帕尔默挑战音乐产业，旨在重新思考它的商业模式。她的演讲结束方式是这样的：

我认为人们花了大量时间试图解决错误的问题，也就是："我们如何强迫人们为音乐付费？"我们何不换一种提问方式："我们如何让人们主动为音乐慷慨解囊？"

在上述两种情况下，一个令人惊讶的问题让观众获得令人愉悦的洞见，给演讲画上了圆满的句号，因而获得了观众长时间的起立鼓掌。

6. 叙述对称

精心建构于主线基础之上的演讲能通过呼应开头而创造出令人满意的结尾。史蒂文·约翰逊的演讲主题是好创意来自哪里。他开始时首先揭示了在工业化时代英国咖啡馆的重要意义，那是知识分子聚集在一起互相启发灵感的地方。在邻近结尾时，他讲述了 GPS（全球定位系统）如何被发明的有趣故事，从而论证了他关于创意如何产生的观点。然后，他巧妙地摆出一个事实：很可能观众在那一周使用过 GPS，比如寻找最近一家咖啡馆。你能听到观众当中发出的赞叹之声，以及为她完美的结尾给予的掌声。

7. 诗意的激励

有时候，如果演讲已经打开了观众的心扉，那么就可以用一种诗意的语言收尾，深深触动人们的内心。这种方法不宜轻易尝试，但当它奏效时会非常完美。以下是布勒内·布朗关于脆弱的演讲结尾：

> 我的心得是：卸下我们的面具，让我们被看见，清晰地被看见，即便是让人看见我们脆弱的一面。全心全意地爱，尽管没有任何回报……带着一颗感恩的心，保持快乐，哪怕是在最恐惧的时候，哪怕我们怀疑：我能不能爱得这么深？我能不能如此充满激情地相信这份感情？我能不能如此矢志不渝？在消极的时候能够猛醒……并对自己说：我应该感恩，因为我能感受到这种脆弱，这意味着我还活着。最后，也是我认为最重要的一点，那就是要相信我们已经做得足够好，因为我相信当我们在一个让人觉得“我们已经足够好”的环境中打拼的时候，我们会停止抱怨，开始倾听，我们对周围的人会更友善、更温和，对自己也会更友善、更温和。这就是我演讲的全部内容，谢谢！

人权律师布赖恩·史蒂文森在他关于美国监狱体制之不公

的精彩演讲中是这样结尾的：

> 我来到TED，是因为我相信你们中有许多人都明白，尽管这个世界的道德弧线很长，但永远都向着公正的一面倾斜。如果我们不开始关心人权和基本尊严，我们就无法真正完成进化。我们的生存和每一个人的生存都分不开，科技和设计、娱乐和创造的未来，必须与人性、慈善和公正的未来相结合。最重要的是，对于每个执着于此的人，我只想说，往前看，往好处看，永不放弃。

我再重复一遍，不要轻易尝试这种方法，只有当你演讲的其他部分已经奠定了良好基础，并且演讲者显然已激发起了观众情感的前提下才有效。但对于合适的演讲者，在合适的时间，这样的结尾是无与伦比的。

不论你以怎样的方式结尾，必须精心设计。准备一段精炼的结束语，然后简单说一句“谢谢”，是结束演讲的最好方式。

TED TALKS

第四部分　舞台呈现

第十四章
衣橱：我该穿什么？

许多演讲者不知道穿什么样的衣服能给观众留下最好的印象，或许我是他们最不应该求助的人。有一年我出现在舞台上时，穿着很时髦的黑色裤子、黑色 T 恤，外面还套了一件明黄色的毛背心，心想自己看上去棒极了，而观众直纳闷：为什么这个人穿得像个大黄蜂？

因此，我要把这部分工作交给 TED 的内容编辑凯莉 · 施特策尔。她的建议如下：

> 在演讲准备阶段，最不应该担心的就是着装问题，你可以早早就把选择服装这一项从你的任务清单当中画掉。
>
> 在大多数情况下，最重要的是穿上你感觉舒适的服装。其他场合或许需要西装领带，但在 TED，我们喜欢比较随意休闲的服装，让人感觉我们大家是在一起度假。你肯定

不想让观众一开始就下意识地认为你古板、邋遢、乏味、无趣或者过于刻意。但如果你避免这些潜在的陷阱，穿上让你感觉舒适的服装，将会有助于你保持放松，增强信心。观众会有感觉。不管你信不信，你的服装甚至在你开始讲话之前，就已经让你与观众建立起了联系。

当你思考要穿什么的时候，有一些问题可以问，比如，有着装要求吗？观众可能会穿什么样的衣服？你或许可以跟他们穿得一样，但要更干净整洁。

你要上镜吗？如果是，避免穿亮白色（会破坏镜头）或深黑色（你看上去会像一只飘动的头颅），或者任何有小型图案或密集图案的衣服（会在录像时造成一种奇怪的、闪闪发亮的波纹状的效果）。

你要用耳麦吗？用耳麦有一些风险：有好几次，当演讲者刚刚开始讲话的时候，不知从哪里发出一阵奇怪刺耳的叮当声，那是因为砰砰作响的声音传入耳麦的缘故。不要佩戴垂式耳环！还有，男士的胡茬也可能导致刮擦的声音。

选择饰品时，避免会叮当作响的手镯或任何闪光的东西，那会反光。如果你决定穿中性衣服，那么搭配丝巾就是不错的选择，能够提亮色彩。

你很可能需要把耳麦电池别在身上，所以，如果有一条结实的皮带用来固定电池，你会感到非常安全。

舞台会是什么样的？考虑穿色彩明亮的衣服，使你区别于背景。着装要考虑到坐在后排的观众。TED 女性大会的演讲嘉宾琳达·克利亚特－韦曼穿了一件漂亮的粉色裙子，确保她不会淹没在背景当中。从她走上舞台那一刻起，一直到观众最后为她鼓掌，所有的目光都聚焦在她身上。

观众喜欢明亮而充满生气的颜色，摄像镜头也是。

在舞台上，修身的服装要比宽大的服装看上去更好。要找到剪裁适当的衣服，确保尺寸合适——不要太宽松，也不要太紧身。

尽管遵循这些指导原则很好，但富有个性化的品位可能会打败所有的规则。在 2015 年 TED 大会之前的几个星期，我们给演讲者发出了一份注意事项作为最后的提醒，其中包括建议男性不要打领带。电台节目主持人罗曼·马尔斯回答说："为什么不能打领带？领带很好。"我们告诉他如果领带是他非常喜欢的，那么他尽可以不理会我们的建议。结果他打了领带，而且感觉很好，看上去也不错，非常得体。图书设计师契普·基德也用他独特而帅气的着装风格轻松打破了 TED 不打领带的规则。

如果你仍不确定要穿什么衣服，与一位可靠的朋友约个时间去购物。有时候，你在镜子里看到的自己与其他人看到的你不一样，我几乎总是会这样，我也总是后悔没有让别人帮我看看，其他人的建议或许会非常宝贵。

在登上舞台之前，衣服务必熨烫平整，皱皱巴巴的衣服最容易让人感觉你没有认真准备。如果你是在白天晚些时候演讲，最好把衣服挂在衣架上，快到你开始演讲时再换上。我有一个惨痛教训：如果你打算用宾馆的熨斗，要在前一天晚上熨衣服，并且要先在毛巾上试熨，因为宾馆的熨斗往往不太好用，或许会漏水甚至会比较脏。（TED团队会随身携带小型压缩式个人蒸汽熨斗，以备衣服皱皱巴巴的演讲嘉宾使用！）

一定要穿着你准备好的衣服进行排练。我记得有一位演讲嘉宾在演讲开始不久，她的衣服就出了问题，胸衣的两条肩带从肩膀上滑落下来，几乎整场演讲都吊在她的胳膊上。我们的编辑能够巧妙地让你注意不到视频中的这个瑕疵，但如果彩排时就穿准备好的衣服，这种情况就能完全避免。

再重复一遍，最重要的是要穿能增强信心的衣服，这是你事先就能控制的，而且对你有益无害。

当我们做了充分准备，就不要太为着装问题费神，你的激情和你的思想要比你的样子重要得多。

当巴里·施瓦茨教授出现在牛津大学TED舞台上做关于选择悖论的演讲时，那是一个炎热的夏天，他穿着T恤和短裤。

他对我说，如果他知道我们要给他录像并放到网上的话，他就不会那样穿，但那并没有影响他的演讲创造 700 万点击量的纪录。

阿曼达·帕尔默说，关于演讲准备，她唯一后悔的事情就是选择了一件灰色衬衫，衬衫由于腋下出汗而变成了黑色。但观众以为这正是她的不拘一格之处。她的演讲不论是在现场还是在网上都非常成功。

总结如下：

1. 照凯莉说的做。
2. 提前准备好一套让你感觉舒适的服装。
3. 专注于你的思想，而不是你的服装。

第十五章
心理准备：如何控制紧张？

恐惧会引发我们“战斗还是逃跑”的本能反应。你浑身紧张时，身体要么准备战斗要么准备逃跑。这时，流经你血管的肾上腺素急速升高。

肾上腺素有助于我们的祖先快速穿越大草原，到达安全地带，当然也能使你兴奋，为你的舞台展示带来能量。但过多肾上腺素也会有害，会让你口干舌燥。肾上腺素的任务是给肌肉增压。如果你的肌肉不处在使用状态，肾上腺素的流动或许会使其发生痉挛，从而出现颤抖现象。

有些教练建议在这种情况下服药，通常是 β 受体阻滞剂，但它的缺点是可能会抑制你的声音。还有许多其他方法可以把肾上腺素控制在对你有利的水平。

让我们回到莫妮卡 · 莱温斯基的例子。在第一章中，她描述了在临近 TED 演讲时的高度紧张。如果她能克服紧张，我想你也能。她是这样做的：

> 思考时，如果你开始走神或心猿意马，求助于你的呼吸或你的提示语。当我焦虑时就会这样做，尽可能地回归演讲的目的。我有两句提示语，其中一句是“这很重要”（其实，我把它写在舞台上随身携带的演讲稿首页的页眉处）。另一句对我十分有效的提示语是“我做到了”。
>
> 如果你要站在舞台上，面对观众讲话，这意味着你有一些重要的东西要传递给其他人。我努力告诉自己，我是多么希望我的演讲能够帮助那些正在承受痛苦的人们，我坚信我演讲的意义和目的在于它是生命之舟。
>
> 我有对我有效的工具。我会尽我所能利用一切可用工具，为演讲那一天做好准备。在过去17年的时间里，我花了很多时间学习应对我的紧张和过去的创伤。在演讲那天早上，我进行了生物共振声音练习、呼吸练习、一种名为“情感自由技术”（我上场前在后台就是这样做的）的疗法。我还跟演讲教练一起做各种热身练习，出去散步以促进身体里肾上腺素的流动，并确保我至少大笑一次。最后，我摆出有力量的姿势（幸运如我，有无与伦比的埃米·卡迪的帮助）。
>
> 不止一次，我怀疑自己能否顺利完成演讲。在演讲排练的前一天晚上，大会前三个星期，我放声大哭，因为

担心内容尚未完善。我打算排练之后就退出，但让我惊讶的是，排练得到了积极的反馈。我一直在等待“然而”和“但是”，可它们从未出现。

之后，我坐在那里，很长时间都被那种情绪占据，仍然不自信。但我最终得出结论：如果那些知道来到TED是要做什么的人们认为这个演讲足够精彩，我就应该坚持下去；我离成功是如此之近。在整个过程当中，当自我怀疑时，我尽量专注于演讲的内容，而不是发表演讲的我这个人。每每感到紧张或缺乏自信时，我不得不给自己打气，试着说服自己我所做的一切都是我能做到的最好的……如果我能够用我的演讲触动一个人，仅仅帮助一个人在其耻辱经历以及网络攻击中不再感到孤独，那就是值得的。

对我来说，这个经历在很多层面上改变了我的生命。

你会发现，对于如何控制紧张，莱温斯基有一套齐全的工具。你会采纳莱温斯基的每一种方法吗？不，每个人都是不一样的，但她能够将恐惧转换成平静、自信、投入的舞台呈现，因而让每个人都相信自己也可以做到。

下面是我的建议：

把恐惧化作动力。这就是恐惧的意义所在，这样，你才能尽量多次地反复练习。这样一来，你的自信心就会增加，恐惧就会减少，你的演讲也会越来越好。

让你的身体帮助你。上台之前，有许多重要的事情可以做，这有助于防止肾上腺素快速流动。最重要的是呼吸，深呼吸，采用冥想的方式。吸入氧气会使你平静，即使你坐在观众席上等着上台的时候，也可以这样做。只要深深吸气，吸入腹腔，再慢慢呼出，这样重复做三次。如果你在台下时感到浑身紧张，那就需要尝试一些更有力的身体练习。

在 2014 年 TED 大会上，一想到要采访美国国家安全局（NSA）的理查德 · 雷杰特关于爱德华 · 斯诺登的问题，我就非常紧张。在会议开始前 10 分钟，我躲到后台走廊上，开始做俯卧撑，根本停不下来。最后，我比自己平时最好的成绩多做了 30%，那都是因为肾上腺素的缘故。用这样的方式，我重新恢复了平静与自信。

喝水。紧张导致的最坏结果是，肾上腺素在榨取你嘴里的水分，而你还要努力讲话。如上所述，控制肾上腺素是最好的办法，它也有助于确保你体内有足够的水分。在上台前 5 分钟，记得喝小半瓶水，那会有助于避免口干。（但不要喝得太早，萨尔曼 · 汗由于喝得太早，不得不在上场之前跑到卫生间。还好，他及时赶回来了。）

避免空腹。紧张时，吃东西或许是最不应该做的事情，但空腹会加剧焦虑。上台前大约一个小时左右，吃一些健康的食品，或随身带一条蛋白棒。

记住脆弱的力量。观众会乐意接受那些紧张的演讲者，尤其是如果演讲者能恰当地承认自己的紧张。如果你开场就不太顺利或者有点结巴，这时你只要说："哎呀，非常抱歉，我有点紧张。"或者："你们看到了，我并不常做公开演讲，但这次演讲太重要了，我没法拒绝。"听众会更加支持你。

在座无虚席的悉尼歌剧院，唱作人梅根·华盛顿向TEDx的观众坦白说，她终生都在与大家能听出来的结巴斗争，她的诚实和上台时的笨拙使得她完美演绎的那首歌更加动听。

找到观众席上的"朋友"。演讲开始时，寻找几个和善的面孔。如果你能在不同的观众席位置找到三四个这样的面孔，就对着他们讲，视线轮流在他们之间移动。在场的每一位观众都会看到你是在建立联系，而你从那些面孔上获得的鼓励会带给你平静和自信。或许你甚至还能看到有几个你真正的朋友就坐在观众席上，那就对着他们讲。（此外，对朋友演讲也有助于你找到合适的语调。）

要有备用方案。如果你担心出错，设计一些备用方案。你害怕忘词吗？那就把笔记或讲稿放在跟前。（罗兹·塞维杰把她的笔记放在衬衣里面，没有人在意她好几次因为不知说什么而去翻看笔记。）你害怕技术故障而不得不临场应对吗？那么，首先要知道那是主办方的问题，不是你的问题，但如果需要你去填补这段空白时间，那准备一个小故事来讲是没有坏处的，而且讲自己的故事就更好了。"在他们检修设备的时候，我来跟大家分享刚刚我跟出租车司机的一段对话……"或者："啊，太好了！现在我终于有机会跟你们讲一些由于时间关系我不得不删除的内容……”或者：“太棒了，我们有几分钟的闲暇时间，那我来问你们一个问题。你们有谁曾经……”

专注于所讲的内容。莫妮卡·莱温斯基提出的在笔记上写上“这很重要”的建议非常好，这也是我要给你的最重要的一条建议。这不是关于你的，而是关于你的思想的，你的任务就是走上舞台分享你的思想，将其作为礼物奉献给观众。如果你在走上舞台的时候能将其牢记在心里，就会感到释然。

歌手乔·柯文（Joe Kowan）的紧张导致他无法做他最喜欢的事情：给观众唱歌。于是他开始认真对待这件事，一步一步，强迫自己在较小的场合演出，即使是他能听到自己声音中紧张的刺耳声也坚持不懈，最终他写了一首怯场歌，必要的时候就拿出来唱。观众很喜欢这首歌，而他也开始接受自己的紧张，将其视为朋友。他用令人愉悦的演讲（以及歌声）向观众解释他是怎么做到的。

15 年前在多伦多的大会上，我目睹了小说家芭芭拉·高迪（Barbara Gowdy）呆立在舞台上的情景，她只是站在那里发抖，没法讲话。她本来以为要接受采访，但最后被告知必须讲话。恐惧从她身体的每个毛孔喷涌而出，但令人惊讶的事情发生了，观众开始为她鼓掌欢呼。她犹豫了片刻便开始讲话，接着又停下来。掌声再次响起。之后，她开始用流利而亲切的语言分享她的思想和创作。这是那次大会上最令人难忘的一场演讲。如果她只是自信地走上舞台发表演讲，我们可能不会听得那么投入。

紧张不是魔咒，而是可以变成有效的工具。与紧张做朋友，鼓起勇气——勇往直前！

第十六章
装备：演讲台、提词器、卡片或者什么都没有？

演讲时的设置非常重要。比较以下两种场景：A，演讲者站在舞台上一个又大又笨的讲台后面，对着一群距离较远的观众读演讲稿；B，演讲者站在一个小舞台上，毫无防护，三面围坐着观众。

上述两种都属于公共演讲，但二者的确非常不同。场景 B 看似非常恐怖：你站在那里，如此脆弱，没有笔记本电脑，没有讲稿，观众能看到你的整个身体，你无处可藏，感觉到所有的眼睛都在不远的地方盯着你，你尴尬不已。

场景 A 已经过多年的发展，包含了所有演讲者需要的东西。在前电子化时代，演讲者或许会有一个演讲台用来放笔记。但在 20 世纪，演讲台（或表演台）越来越大，可放置一只看讲稿的台灯，播放幻灯片的按钮，而且现在还可以放一台笔记本电脑。甚至还有一种理论认为，遮掩演讲者的大部分身体，让观众只能看到他的脸，这样你就是在增加他的权威性，或许这样你会无意识地将他与布道台上的牧师联系起来。不论是有意的还是无心的，大演讲台其实就是在演讲者和观众之间制造一个巨大的视觉屏障。

从演讲者的角度来看，这或许会非常舒服，何乐而不为？演讲需要的一切都在你的手边，你感到非常安全。即使你忘了擦鞋或者你的衬衫有点褶皱也无关紧要，因为没有人会看见。你有笨拙的肢体语言或不雅的动作吗？没问题，演讲台也会将这些通通隐藏，观众几乎只能看到你的脸。哈哈，太好了！

但从观众的视角看，这样做有一个重大的问题。我们花了整整一章的篇幅谈论观众与演讲者之间建立联系的重要性，其中就讲到了演讲者愿意暴露自己的脆弱，这是不言而喻但非常有力的互动。如果演讲者放下防卫，观众也会亲近你。如果演讲者远远地站在安全的地方，观众也会对你敬而远之。

TED 共同创办人理查德 · 索尔 · 沃尔曼对此坚信不疑，不要演讲台！不要读讲稿！他不喜欢使观众与演讲嘉宾之间的关系变得严肃正式的任何东西。（打领带是他完全禁止的。当尼古拉斯 · 尼葛洛庞蒂表示异议，西装领带地出现在舞台上时，理查德带着一把剪刀大步走上去，剪断了他的领带！）

这种方式就是 TED 演讲感觉与人们通常所看到的演讲有所不同的原因之一。演讲者被迫暴露其脆弱，拉近了与观众之间的距离。

如果你自己感觉比较舒适，在没有演讲台的情况下对着观众演讲是最好的方式。TED 的大部分演讲都是这样的，我们鼓励每个人都去尝试，但其中也存在利弊的权衡。在今天的 TED 演讲中，我们已经总结出发表演讲可以有多种形式，不仅是出于多样性的考虑，而且也是为了满足不同演讲者的不同需求。演讲者突破他们的舒适区边界是好的，但正如我之前所说的，你或许会做得太过。我从丹尼尔·卡尼曼和其他一些人身上学到，如果演讲者在演讲时非常自信，而且能自然地找到他需要的语言，这样的舞台装备甚至要比暴露演讲者的脆弱性更重要。

因此，这一章的目的是帮助你了解所有的利弊，然后找到最适合你的演讲模式。

第一个关键问题是：为了有效地发表演讲，你需要多少笔记供参考？如果你完全记住了，或者你只要有一个简短的手写要点就可以发表演讲，那就简单了。走上舞台，直接演讲，与观众面对面，不用演讲台，没有任何障碍，只有你，只有一张拿在手里的卡片，还有观众。在许多方面，这是演讲者力求达到的黄金标准，是你与观众建立有效联系的最好选择，而且观众能看到你的脆弱。

但并不是所有人都喜欢这种方法，或许并不是所有的演讲都证明在这种情况下花费时间准备演讲是值得的。

因此，如果你认为你需要更多笔记，或者甚至需要完整的讲稿，那怎么办？以下是一些可用的方法，会为你提供更多支持。但其中一些方法更有效。

舒适备案

在这种模式中，你走上舞台之前将所有笔记包括讲稿放在舞台边，或放在舞台后边的桌子上，或放在演讲台上，另外再放一瓶水。然后像之前所说的，你站在舞台上开始演讲。这样，你知道如果忘词，就可以走到笔记跟前，喝口水，然后继续。在观众看来，这非常自然，毫无问题。笔记要离你有点距离，这样，你就会避免随时想低头看的诱惑，并且你很可能不需要看笔记就可以顺利完成演讲。但只要知道笔记在那里，就会大大缓解你的压力。

幻灯片作为引导

许多演讲者用幻灯片作为记忆节点。我们在本书开始部分就这个问题有过简短的讨论。当然，千万不能把幻灯片作为演讲的全部支撑，播放一连串满篇文字的幻灯片会很可怕。但如果演讲过程中的每一个重要环节都能辅以一些漂亮的图片，会非常有效，前提是你已经深入思考过每一个过渡环节。图像是很好的记忆节点，但你或许仍需要携带一张写有额外笔记的卡片。

便携式卡片

或许你需要写下来的信息太多，仅用一张卡片容纳不下。你想提醒自己每一张幻灯片的过渡点、每个要点之下的主要例子以及收尾部分的准确措辞。在这种情况下，最好的方法或许是用一套便携式的卡片，只要一张一张翻页即可。最好把它们穿在环夹上，以防散落而打乱顺序。这些卡片不会引人注意，但能使你很容易地掌握演讲的进度。唯一的不足之处就是，如果你之前很少需要参考它，但中途又不得不翻到第五页或第六页去寻找下一个要点，就会比较麻烦。

另外一种方法是用剪贴板或正常尺寸的纸张写下笔记，这样就不需要常常翻页，只是有点显眼，卡片或许会更好。如果你的演讲大部分依赖于视觉资料，那最好的方法就是一张幻灯片配一张卡片，上面写有转到下一张幻灯片的过渡文字。

说了这么多，熟悉你的演讲内容仍然非常重要，这样你就不会不断地低头去看。

许多 TED 演讲嘉宾都会使用笔记卡，你或许在屏幕上看不到，部分原因是我们的编辑巧妙地对其进行了处理，另一部分原因是大多数演讲者只是偶尔用到它们。这种方法的好处在于，你能自由地在舞台上随意走动，但随身携带着你所需要的一切，以确保演讲顺利进行。

智能手机或平板电脑

一些演讲者喜欢使用智能设备这种高科技产品来代替笔记卡片。他们认为，这样在演讲过程中只要滚动屏幕即可，不需要许多卡片。这种方法当然能使人从演讲台上解放出来，但我不喜欢这种方法。一方面，演讲者看屏幕时，我们无意识地认为他与我们中断了联系，其罪魁祸首就是文字信息。

此外，有许多因素会降低效率。一不小心触动屏幕你就会找不到讲稿，或许你需要多次滚动屏幕和仔细查找才能找到正确的位置。或许有人会提供完美的App来解决它，但目前为止，正如实际情况所证明的那样，这种方法似乎比传统的笔记卡片更慢更笨。把演讲稿存在平板电脑上用作舒适备份，这没有问题，但我不推荐用智能设备来存放需要不时参阅的笔记。

显示屏

许多高端的演讲场所会有一两个显示屏在你的视野范围之内，或者斜放在舞台地板上，或者放在会场后面高过观众头顶的地方。这样做的主要目的是，你能看到幻灯片依次推进，而你不必频繁地回头看。它们也可以显示（只有你才能看见）你附加在幻灯片上的笔记，或下一张要放的幻灯片，这样你就有所准备。Powerpoint 和 Keynote 两种模式都支持这种演示者视图功能。如果你的演讲结构是一个主题一张幻灯片，就可以使用显示屏让自己舒适地进行演讲，但其中也会有许多陷阱。

有时候演讲者会看错显示屏，将下一张幻灯片屏和当前幻灯片屏相混淆，而且会担心显示错误。更糟糕的是，这会导致演讲者过度依赖屏幕上的笔记而不停地参阅。这实际上要比演讲者低头看笔记更令人厌烦。除非显示屏放在观众席正中间，否则观众能清晰地看到演讲者要么在看屏幕，要么眼睛在不停地向下看舞台地板，要么视线高过观众的头顶。那会非常令人反感，其效果完全不同于建立信任的眼神交流。

此外，演讲者偶尔参阅笔记，能给人亲切而舒适的感觉。笔记就在那里，所有人都能看到他在做什么，这没有问题。但是，当他的眼睛移到显示屏上时，很快就会拉开与观众之间的距离。或许在演讲早期你不会注意到，但随着演讲者频繁看显示屏，作为观众的你就会开始感到有点别扭。一切几乎完美，但一个小小的裂隙就会显得非常奇怪。

如果演讲者试图照着监控屏读整篇演讲，会非常糟糕。演讲的头两分钟会非常棒，但之后，观众就会意识到他们听到的是读出来的演讲，不知不觉间，演讲就失去了生命力。在10年前我们曾经有过这样一个令人沮丧的实例。当时有一位体育明星来做演讲，并说服我们他需要在会场后面的屏幕上显示演讲的全部文本。他演讲使用的语言非常完美，但你能看出来他是在读，因为他的目光是在离观众头顶上方3英尺的距离处，这完全破坏了演讲的效果。

我们见过的唯一一位有效地照显示屏读的演讲嘉宾是歌手博诺。他是一位非常自然的演员，能用他的视线边缘去读，同时保持与观众频繁的眼神交流以及自然的语调，还能插入有趣的幽默片段。但即使是这样，那些意识到所有的演讲文字（包括笑话在内）都显示在会场后面显示屏上的观众也感到有点失望，因为他们希望博诺的心是跟他们在一起的，一份书面的演讲完全可以用电子邮件传给他们。

对于显示屏的使用，我们强烈建议：使用显示屏只是为了展示幻灯片，与观众所看到的同样的幻灯片。如果你一定要附加注释，尽量少用，并且只要两三个字的要点即可，然后练习演讲，同时尽量少看显示屏。不要照着读！这是与观众保持密切联系的唯一方法。

提词器

如果显示屏存在危险，那么提词器甚至更糟。表面上看，那是个聪明的发明，将文字打在一块观众看不见的玻璃屏幕上，又恰好在演讲者的视线内。这样演讲者在读的时候，还能保持与观众不间断的眼神交流。

但它的巧妙之处也是它的致命弱点。如果使用提词器，就等于你在向观众传递这样的信息：我只是假装看着你们，实际上我是在读讲稿。这种信号可能是有破坏性的。

你或许会持反对意见——不对，我们这个时代最优秀的演讲家之一奥巴马总统，就经常使用提词器。的确如此，但观众会有不同的反应。那些信任他并喜欢他的人会不在乎，完全相信他的发言就是他真实的讲话方式，但他的政敌会非常乐意利用这一点来攻击他，嘲笑他没有能力当众讲话。结果，媒体策略师弗雷德·戴维斯认为，提词器对所有政治家来说都是毁灭性的。他告诉《华盛顿邮报》："提词器是负面的，因为那是虚假的符号，表明你无法自己讲话，表明你背后有操纵者指示，告诉你该说什么。"

在 TED，我们现在不愿制定硬性的、严格的规则，但我们从来不鼓励在正式舞台上使用提词器。今天的观众宁愿演讲者在背诵、做要点笔记以及现场思考方面都尽最大的努力，也不愿看到他们混合着读与虚假眼神交流的"完美"呈现。

如果你需要整篇演讲稿，但离开显示屏或提词器你又害怕显得不真实，那该怎么做呢？下面是我们的建议。

轻便式演讲台

如果你必须参阅整篇演讲稿、冗长的笔记、手提电脑或平板电脑，不要假装，就把它们放在演讲台上，但至少看看主办方是否能提供一个比较轻便时尚、透明的、支脚细小的演讲台，而不是用笨重的木制讲台，那会遮住你的整个身体。然后专注于熟悉演讲内容，这样你在演讲时就可以花更多的时间看观众而不是看演讲台。

在莫妮卡·莱温斯基的演讲中，这种方法被证明是完美的。对她来说，要背诵整篇演讲风险太大。排练时，她试图从显示屏上参阅笔记，但我们真的不认为那种方法会奏效。她不停地将视线越过观众的头顶向外看，这样就中断了与观众的联系。庆幸的是，莱温斯基找到了某种我们在 TED 以前从未尝试过的方法，但非常有效：她把笔记放在乐谱架上。看她演讲时，你会发现笔记一点都不会破坏她与观众之间的联系。实际上，她很少低头看笔记，但笔记给了她很大的信心去完成精彩的演讲。

为什么这种方法要比显示屏或提词器更好？因为观众对于要发生的事情不存在任何疑虑，演讲者显得真诚亲切，观众会喜欢这样的感觉：显然你是在努力不去读演讲稿，而是进行眼神交流，微笑，非常自然。如果这使你更舒适更自信，人们会在你的声音里听到这些信息，并跟你一起放松下来。

因此，这些是你的主要选择。当然，你总能找到属于你的方法。克利夫·斯托尔的演讲有五个要点，他把每个要点分别写在他的五个手指上。每一次他改变话题时，摄像机就会聚焦到他的手上，我们也会看到他接下来要讲的要点。这有点奇怪，但非常亲切。

重要的是找到一种适合你的演讲模式，尽早熟练，尽力操练，并使用你要在舞台上使用的道具排练。（再次强调，不要太多地依赖显示屏。永远都不要百分之百地相信舞台设置与你排练时相同。）

简言之，暴露自己的弱点没有关系，找到你感觉舒适、自信的方式也没错，但真实是至关重要的。

第十七章
声音和仪态：赋予文字以生命

有一个根本的问题：为什么要劳心费神地做演讲呢？

为什么不把电子文本用邮件发送给每一位可能的观众？

一场 18 分钟的演讲约包含 2 500 个单词，许多人能在不到 9 分钟的时间内读完 2 500 个单词，而且能够很好地理解。因此，为什么不这样做呢？还可以省去会场的费用，免得每个人舟车劳顿，免得你可能会忘词而出丑，观众只要花不到听演讲一半的时间就可以读完你的演讲内容。

我在 20 多岁的时候，本不可能爱上公共演讲。我在大学学习哲学时，非常沮丧地发现德高望重的 P · F · 斯特劳森，一位优秀的作家，一位才华横溢的思想家，是一位——至少在我听他讲课的那一天——拙劣的演讲者。他咕哝了一个小时，用同一种单调的语气读每一个句子，很少抬头看。我意识到听他的课完全是在浪费时间，本可以埋头读他写的书就好。所以我不再去听他的课，事实上我不再去上课，只是埋头读书。

我为 TED 着迷的原因之一是，我发现演讲真的能传递一些打印文字所不能传递的东西，但它不是被直接给予的，甚至在很多时候它都不是真实的。这个额外的东西必须经过思考、投入时间、得到完善，必须付出努力才能获得。

那个额外的东西是什么？就是把信息转变成能带来启示的人性光华。

可以把演讲想象成两条平行流动的输入流。文字处理由大脑的语言引擎负责，不论你是在聆听还是在阅读，语言引擎的运行方式都是一样的。但位于语言流之上的元数据流，能让你（往往是无意识地）评估你所听到的每一个语言片段，决定你要为此做什么以及做事的先后顺序。在阅读中不会有类似的现象，只有当你在看着演讲者并聆听其声音时才会发生。以下是元数据流能够达到的一些效果：

- 联系：我信任这个人。
- 投入：每个句子听上去都好有趣！
- 好奇：我在你的声音里听到了它，在你的脸上看到了它。
- 理解：那个手势是在强调那个词——现在我明白了。
- 共鸣：我理解那对你的伤害有多大。
- 兴奋：哇——那种激情是有感染性的。
- 信念：看那双眼睛里坚定的目光！

• 行动：我想加入你的团队，请接受我。

总之，这是启示，是最广泛意义上的启示。我认为它是一种力量，会告诉大脑如何处理一个新的思想。很多思想会轻易地溜走，或许很快就会被遗忘。然而，启示能抓住思想，把它推到我们心智的聚光灯下：全体注意！重要的新思想来了！准备行动！

我们如何以及为什么会对某些演讲者做出非常强烈的回应，有许多奥秘。这些能力经过漫长岁月的进化，已深深植根于我们的身体。在我们身体的某个地方有一个信任算法、一个诚信算法、一个情感从一个大脑传输到另一个大脑的算法。我们不了解这些算法的具体细节，但我们在某些重要的方面形成了一致认识。这些方面分成两大类：对声音的使用和对身体的使用。

有意义的演讲

如果你有机会，可以听一听乔治·蒙比奥特（George Monbiot）的 TED 演讲。他的演讲文本非常有吸引力，但并不特别煽情。

> 年轻时，我在热带地区花了 6 年的时间疯狂冒险，在一些世界上最迷人的地方做调查记者。我鲁莽而愚蠢，只

有年轻人才会那样，这就是为什么会有战争。不过，我也感到比以往任何时候都更有活力。回到家时，我发现我生存的范围渐渐缩小，甚至把碗放进洗碗机也像是一个有趣的挑战。我发现自己像是在抓挠生活的墙壁，仿佛试图找到一条通向外面更广阔空间的出路。我认为这是一种生态厌倦。

但当他演讲的时候，你听到的是非常不同的东西。如果我必须只用印刷格式来描述，它是这样的：

年轻时，我在热带地区花了*6年的时间疯狂冒险*，在一些世界上最迷人的地方做**调查**记者。我鲁莽而愚蠢，只有年轻人才会那样。这就是为什么会有战争。不过，我*也*感到比以往任何时候都更有活力。回到家时，我发现我生存的范围渐渐缩小，甚至**把碗放进洗碗机也像是一个有趣的挑战**。我发现自己像是在*抓挠*生活的*墙壁*，仿佛试图找到一条通向外面更广阔空间的出路。我认为这是一种**生态厌倦**。

在印刷文字中，这看上去很可怕，但当你聆听蒙比奥特演讲时，你会发现自己很快被吸引到他的世界。几乎他讲的每一个词都使用了不同的语气，含有不同的意蕴，为他的开场白增加了难以置信的微妙意境，而这是印刷文字所无法实现的。那种灵气贯穿于他演讲的始末。的确，他讲的字词能激发观众的兴趣和好奇，但实际上是他的声音使你感到好奇和惊讶。

他是怎样做到的？声音教练讲了至少 6 种工具可供你使用：音量、音高、节奏、音色、语调以及所谓的“韵律”，后者只是简单的升降调，用来区分陈述句和疑问句等。如果你想更深入地挖掘这些工具，我强烈推荐朱利安·特雷杰的一场TED演讲，题目是“怎样讲话人们才会喜欢听”。他不但解释了应该怎么做，而且提供了练习，帮你做好声音准备。

我认为，重要的方法就是讲话语调要有变化，用多种方式呈现想要表达的含义。太多演讲者忘记了这一点，他们演讲时所有语句都是同样的声音模式，句首轻微上扬，句末下降，没有停顿或节奏变化。这样传递出来的信息是，演讲中没有哪一部分比其他部分更重要。这样的演讲只是沉重而缓慢的前行，直到终点。这样引起的生理效果是催眠，也就是它只会让观众进入睡眠状态。

如果你有演讲稿，试试这种方法：在每个句子中找到两三个最重要的词语，对其下画线；然后在每段中找到那个尤其重要的词，再画两道下画线；找到整篇讲稿中声调最轻的那个句子，在下面用铅笔轻轻画一条波浪线；找到每一个问号并用黄色荧光笔将其突出；找到演讲中最令人惊讶的地方，在它之前添加一个巨大的黑点；如果某个地方有个有趣的小故事，就在上面画个粉色的小圆点。

现在试着朗读你的演讲稿，在每个标记处变换语调。例如，当看到粉色小点时要微笑，在大黑点处要停顿，在铅笔波浪线处语速略快，同时声音要更加柔和。听上去怎么样？有点做作吗？那么就重新再来，并注意更多细节。

现在还有一件事情：记住与演讲中的每一段相关的情感。哪些是你最为之倾心的事情？哪些事情会使你发怒？你在嘲笑什么？你为什么困惑？现在，你演讲的时候要释放出那些情感，听上去怎么样？对着一位在场的朋友试讲一下，看看他会有什么反应。他为什么翻眼睛？把你的朗读录下来，然后闭上眼睛听听回放。

关键是，要把你的声调视为一套全新的工具，借助这套工具，你的声音所能进入听众的头脑。你希望他们理解你，是的，但你也希望他们能感受到你的激情。你这样做，不是直白地告诉他们要对这个主题充满激情，而是通过展示你自己的激情。激情会自动扩散，就像你自动感受到其他感情一样。

你担心时间非常有限吗？不用担心。在某种意义上，你是加快了步伐。你可以利用每一秒钟，不仅仅传递信息，而且要让信息被更好地接受，而自始至终不会增加一个额外的词。

如果想要更多正确使用声音的精彩案例，请看看凯莉·麦戈尼格尔、乔恩·龙森、埃米·卡迪、汉斯·罗斯林以及无与伦比的肯·罗宾逊爵士的演讲。

一些演讲教练或许会极力推荐你尝试你并不适合的声音变换，不要对他们言听计从，要让你的激情自然流露。通常你希望以对话般的方式演讲，在适当的时候插入一些有趣的和令人兴奋的事情。我叫人们想象他们偶遇了一些曾经一起上学的朋友，正在给他们讲述他们所从事的工作，你要寻找的就是那种声音，要真实、自然，不要担心出错。

另外一个需要注意的重要方面是：讲话速度。首先，根据演讲内容变换语速是非常重要的。在介绍重要概念或解释复杂理论的时候，要放慢速度，不要害怕停顿。在趣闻逸事或比较轻松的地方，可以加快速度。但总的来说，你必须用自然的、口语化的节奏来讲。对大多数演讲者来说，大约每分钟130~170个单词。

有些公共演讲教练主张有意放慢语速。在大多数情况下，我认为这个建议不可取。一般来说，理解速度会快于讲话速度。换句话说，通常演讲者大脑组织信息所需要的时间要超过听众理解信息所需要的时间（除非是解释一些复杂的概念，当然此时应该放慢语速）。如果用通常的对话式节奏演讲，那很好，听众不会介意，但如果你比通常的对话节奏慢得多，会让全场观众失去耐心，这对你可没什么好处。当你沉浸在生命中最重要的时刻时，观众却慢慢由于文字饥渴而失去耐心。

罗里·萨瑟兰曾经以每分钟180个单词的语速大约保持了17分钟滑稽而富有洞见的演讲。他认为对许多演讲者来说，稍稍提高语速会有好处：

> 失去观众有两种方式：一种是语速太快，显然这种情况较少；另一种是语速过慢，事实上这是更大的问题，因为这会使观众有充分的时间走神。虽然这样说我会感到有点惭愧，但如果你说得足够快，就能克服不自然的跳跃性过渡。当然，我并不推荐不合逻辑的生硬推论。讲话快速也能掩盖许多瑕疵——没有人在意甚至注意到奇怪的“嗯”“哦”，如果它们来得够快的话。

我和萨瑟兰并非建议你讲话要急促不清，只是建议你以谈话的方式讲，时刻准备在适当的地方加快语速。不管是在现场，还是在网上，这么做都是有效的。

这令你吃惊吗？你认为对话方式与公共演讲格格不入吗？

有一次，一位南亚演讲者第一次来做TED演讲。在排练时，他用最高的声调在吼叫。我完全赞同演讲方式的多样化，但那听上去真的让人感觉非常吃力。我问他为什么要那样讲，他想了想说：“在我的观念里，公共演讲意味着对一大群人讲话。为了让坐在后排的观众能够听见，你必须大声喊。可是……”他停了一下：“可是在这里，我想不需要这样做，因为这里我们有自动吼叫机。”他敲了敲麦克风，我们开怀大笑。

注意到这一点的确很重要。公共演讲早在扩音时代之前就已经有了长足的发展。无论面对多少人讲话，演讲者都必须放慢语速，深呼吸，全身放松，在每句话之后要适当停顿。这种演讲方式我们今天称作演说。这种演说能以一种有力的方式使观众产生情感共鸣，并做出回应。我们可以在一些文学作品中和历史上最有影响力的演讲中看到这样的情形，包括马克·安东尼的“朋友、罗马人和同胞”以及帕特里克·亨利的“不自由，毋宁死！”

但在大部分现代语境中，这种方式的演说最好少用。它能表达激情、紧迫和愤怒，但会与许多更细微的情感发生冲突。从观众的角度来看，在 15 分钟时间里它可能会非常有力，但如果持续一个小时，那听上去就会非常吃力。如果只对一个人讲，你就不可能演说。你也不可能举办一场持续一整天的演说大会。

演说要慢得多，马丁·路德·金“我有一个梦想”的演说每分钟大约 100 个词。他的演说是有目的地经过精心雕琢的，而今天你不大可能处于一场重要社会运动的中心，对着 20 万人讲话。扩音器赋予我们亲切地对着一群人讲话的能力，这种能力很有意义，它比演说更容易与观众建立联系，并激发他们的兴趣。这种对话式的语调在网络演讲时甚至更加重要。当你独自一人看着屏幕的时候，你希望演讲者就这样对着你讲。那种面对一大群人的演说场合不多。

有些演讲者在这里会掉入陷阱。他们充满激情地站在舞台上，感受到宏大的场面，因而会无意识地使用演说的方式，开始放慢节奏，声音提高，而且在句与句之间加大停顿，这是绝对的演讲杀手。演说是一种微妙的艺术，只有少数人才能驾驭，它适合于教堂或大众政治集会，但在其他公共演讲场合，我建议不要用。

管理你的身体

肯·罗宾逊爵士开玩笑说，有些教授似乎只是将他们的身体看作把他们的脑袋挪到下一个会场的机器。有时候演讲者会给我们留下这样的印象：一旦他的身体把脑袋转移到了舞台上，脑袋就不知道该怎样自处了。在一个没有演讲台可以躲藏其后的环境中，问题会被放大，演讲者尴尬地站着，要么两手紧贴身体两侧，要么双腿来回摇晃。

我最不愿意做的事情就是规定肢体语言。如果演讲者都使用同样的方法，演讲很快就会变得单调乏味，但有一些小建议供你考虑，或许会让你感到更加舒适，也会更好地向观众展现你的权威。

发表有力的演讲最简单的方法就是站直，重心平均分配在双脚上，双脚自然地分开几英寸的距离，用双手和胳膊的自然摆动强调你要说的话。如果观众席是围绕舞台弧形设置，你可以通过转动腰部看向不同区域的观众，完全不必四处走动。

这种方式可以显示一种平静的权威，是大多数 TED 演讲嘉宾所使用的方法，包括肯·罗宾逊爵士，关键是要感觉放松，让上身随意移动。良好的姿势会有好处，要避免无精打采地佝偻双肩。开放式的姿势或许会显得有点脆弱，但这种脆弱对你的演讲是有好处的。

不过，一些演讲者更喜欢在舞台上来回走动，这有助于他们思考，有助于他们强调重要的部分。假如走动是放松的而不是被迫的，那么这也会非常有效。看看演讲时的胡安·恩里克斯或者伊丽莎白·吉尔伯特，两个人都看上去非常自然，并且（这很重要）他们常常在某个地方停住脚步，正是这种节奏使得这种方法非常有效，持续的走动看上去会很令人疲惫，来回走动时偶尔止步会更加有力。

要避免由于紧张两腿交替晃动，或者以摇摆的姿势不停地前后挪动。许多演讲者这样做是无意识的，他们或许感到有点焦虑，双腿交替移动能缓解他们的不适感。但在观众看来，这实际上强化了这种不适感。在 TED，我们多次鼓励演讲者要放松，只要站定就好，其中的差异很快就会显现。

所以，如果你喜欢走动那就走动，但如果你走动，就要有目的地走动。而当你想要强调某一点时就止步，平静而有力地对着观众讲话。

还有许多方法可以让演讲充满力量。斯蒂芬妮·雪莉夫人选择坐着讲，坐在一个金属凳子上，一只脚放在横档上，笔记放在腿上，看上去很放松自然。已故的伟大神经学家奥利弗·萨克斯也喜欢坐着讲。与之相反的是，克利夫·斯托尔喜欢在舞台上到处走动，充满活力，赋予他的演讲一种新颖独特的风格。

因此，演讲并没有固定的规则，只要你找到一种感觉舒适自信的舞台模式，同时又不会影响你的思想表达即可。简单的测试是在少数观众面前排练，问问他们你的肢体语言是否破坏了演讲。也可以给自己录像，看看是否有一些自己没有意识到的不当动作。

世界容纳并且欢迎不同的展示风格，只要你的身体知道它的作用不仅仅是搬运你的脑袋，它还有权享受自己在舞台上的每时每刻。

做你自己

下面是最重要的一课。我们很容易掉进如何演讲的陷阱，而忘了更重要的是用你自己最真实的方式发表演讲。

正如着装选择一样，一旦找到一种适合你的展示方式，就不要有太多顾虑，不要试图成为别人，而要聚焦于你的思想和你对它的激情……不要害怕成为优秀的自己。

2008 年，吉尔 · 博尔特 · 泰勒发表的成功演讲使无数 TED 演讲者试图模仿她激情洋溢的风格，那是个错误，玛丽 · 罗奇几乎也犯了同样的错误。

受邀演讲时，我做的第一件事就是点击观看当时最受欢迎的 TED 演讲嘉宾吉尔·博尔特·泰勒的演讲。两分钟后我就不看了，因为我知道自己不可能成为她。我知道，像我这种缺乏安全感的人，成为玛丽·罗奇自己要比试图成为吉尔·博尔特·泰勒的玛丽·罗奇更好。

丹·平克也有同感：

就像真实的你自己那样讲话，不要模仿别人的风格或遵循你认为的某种特殊的“TED 方式”，那会很单调、陈腐、过时。不要试图成为第二个肯·罗宾逊或者第二个吉尔·博尔特·泰勒，而要成为第一个你自己。

第十八章
版式革新：全谱演讲的前景（和危险）

2011 年 11 月，科学作家约翰·博安农（John Bohannon）走上 TEDx 布鲁塞尔的舞台时，带了一种非同寻常的演讲辅助装备。他带的不是幻灯片，而是一个舞蹈团。确切地说，是他们带他来的，他们把他扛上舞台。当他讲激光和超流体时，他们用身体来表现他所讲的内容。

那是一场非常精彩的表演，博安农指出，舞蹈可以成为科学演讲的重要辅助手段，他甚至发起了一场所谓“舞出你的博士学位”的运动。

如果你希望你的演讲脱颖而出，你有许多种新颖方式可供选择。

我们看看基本要素，演讲中唯一真正的限制就是可用的时间。在 18 分钟里，你能说大约 2 500 个单词。除此之外你还可以做什么？观众有五种感官，所以能接收多种信息。

在 TED 舞台上，我们用“全谱”一词来描述那些在演讲中除了文字和幻灯片之外增加更多信息的手段。相信我们会在未来几年看到巨大的变化。

目前，这些手段的使用必须小心谨慎。如果用得不好，会显得浮夸花哨，但如果用得好，则会使演讲大放异彩。

1. 戏剧性的道具

20 年前我观看了一场演讲，主题是必须为消除核武器而继续努力。我已经不记得演讲者的名字和他所在的公司，演讲内容也记得不多了，但我永远都不会忘记他所做的事情。他拿了一颗干豌豆，把它举起来，说：“我想让你们想象这就是一个热核武器，一颗氢弹，它的威力比投掷在广岛的那颗原子弹还要大 1 000 倍。”他把豆子扔进一个大铁桶，铁桶上连接了麦克风，豆子落下并反弹时发出沉闷的叮当声，声音之大令人惊讶。然后他说：“你们认为今天地球上有多少枚热核弹头？”他停顿片刻，“3 万枚。”没说别的，他俯身拿起一大袋豆子往桶里倒，开始时是零零星星地倒，然后是倾倒，声音震耳欲聋，非常可怕。在那一刻，在场的每一个人都深深地、本能地意识到这个问题的重要性。

无数的 TED 演讲由于使用了出人意料的道具而获得升华。为了讲解左右半脑，吉尔 · 博尔特 · 泰勒带了一颗真的人脑走上舞台，上面还悬垂着延伸的脊髓。这就像一道开胃小菜，当泰勒拿出它时，每个观众心中都感觉多了些什么——那就是好奇和激情！比尔·盖茨在他关于疟疾的演讲中释放出一罐蚊子，获得了全世界的头条报道。他开玩笑地说："没有理由只让穷人体验这种感受。"J·J·艾布拉姆斯带上舞台的是他祖父留给他的一个神秘盒子，他自己从没打开过，（当然，在他离开舞台时也没有打开盒子）我们都非常好奇。

如果你有某种可以合法使用并能产生良好效果的东西，这或许是一种非常好的方法，可以让你的演讲令人难忘。

但需要谨慎，一定要事先在真实环境中进行练习。我有一次带了一只引人注目的黄色缅甸蟒走上舞台——它缠着我的身体——只为讲解自然界的神奇。我以为我达到了轰动的效果……直到观众开始大笑。我不知道那只缅甸蟒喜欢热的地方，它顺着我的后背扭动着身体爬下来，它的头正好从我的两腿中间露出来，来回摆动。这的确令人惊叹，但并不是我想要的惊叹。

2. 全景屏幕

在 2015 年 TED 大会上，麻省理工学院的艺术家和设计师内里·奥克斯曼（Neri Oxman）让我们震惊不已。她在演讲中展示了两组图片，分别展示在她两侧延伸的巨幅屏幕上。一组显示了她工作当中理性的一面，另一组显示了其感性的一面。

每一组图片单独来看都令人印象深刻，二者结合则更加令人惊叹，但这并不仅仅是由于它的视觉效果。这向我们直观地展示出她作为以科学为基础的设计师和艺术家的工作的二元性。“谷歌时代精神”（Google Zeitgeist）大会也配备了超宽的屏幕，在演讲者两侧伸展 100 英尺，上面可以完美展示同一幅图片的多种版本、令人震撼的全景摄影以及醒目的大字。这些展示给人以电影般的感觉，令人难以置信。（更加不可思议的是如何对其进行编辑从而实现网络分享。截至目前，唯一可用的大众版式是 16：9 和 4：3 的标准视频比例，因此，这些展示的室内效果非常好，但对于网络观众来说很难完全感受其震撼的效果。）

3. 多感官刺激

一些演讲者已经试图超越二维视野及立体声，有厨师用正在烹煮的菜肴使会场香气四溢，或者他们事先散发一些样品，让观众闻味并品尝。伍迪·诺里斯向我们展示了他发明的特超声能从舞台投射到观众席上的某些座位，而只有坐在那些座位上的观众才能听到它。史蒂夫·施克莱是一位 3D 照相机方面的先驱，他给每一位观众都分发了眼镜，让我们最先在 3D 环境中感受精彩的体育赛事。香水设计师卢卡·都灵用一种机器将不同的香水喷到会场中。这些比较另类的演讲总是非常有趣，但可能除了 3D 技术之外，这种方式仅限于少数主题。

然而，在 2015 年 TED 大会上，戴维·伊格尔顿指出，通过训练大脑理解各种来源的电子信息（如天气或股市），就能借助技术增加奇异的新感官。或许在未来的 TED 演讲中，观众会穿上电子背心，接通电线，从而直接体验演讲者的想象。如果有人能发明这种技术，请与我们联系。

4. 现场播客

2015 年 TED 大会的亮点之一是设计大师罗曼·马尔斯所做的演讲。他并没有戴着麦克风走上舞台，而是坐在调音台后面，开始说："我知道你们在想什么：为什么这个人要坐着？因为……这是无线广播电台！"提示音乐响起，他开始演讲。马尔斯是深受大家喜爱的设计播客《看不见的 99%》的主播，他的整场演讲就像他在现场主持播客节目。无数音频剪辑和图像适时地插入演讲。这种方法使得演讲充满无限活力。DJ 明星马克·朗松在他的演讲中也使用了混音台。《美国生活》主播埃拉·格拉斯则使用平板电脑为他的现场演讲做混音。

事实上，这种技术可能大多数人都不会用，但我发现它正在变成一种独特的艺术形式——DJ 式的演讲，通过现场实时混合多种信息元素来制造全新的体验。如果你认为你能驾驭这种技术，或许值得为此付出时间。

5. 阐释式访谈

访谈可以成为另一种形式的演讲：

- 除了演讲者的工作与生活之外，还可以探索多个主题，而不必拘泥于单一的主线。

- 可以促使演讲者比通常的演讲做更加深入的探讨（对高端演讲者尤其如此，他们的演讲稿通常是由他们的公关部门撰写的）。

在 TED 大会上我们已经试行过访谈模式，我们会让采访者和被访者都事先做一些准备，也不排除使用传统采访中的现场打断及深入追问的方式。这是一场对话，配有一组双方事先就制作好的图片。这些图片作为将要谈及的不同主题的亮点，会为对话增加非常有趣的参考价值。

采访埃隆·马斯克时，我请他发给我一些外人难得一见的视频，涉及我们将谈论的重要主题，比如他建造可回收宇宙飞船的工作。在适当的时候，我只是播放相关视频，并请他解释我们在看的视频，这就使得访谈更加丰富，节奏也有所变化。

同样，采访比尔·盖茨和梅琳达·盖茨关于他们的慈善事业时，我向他们要了一些他们早期参与公共卫生事业的照片、他们为什么成为慈善家的视频材料、对他们非常有意义的一张重要图表或图片。因为我们想要讨论遗产继承的问题，我还请他们提供了一些他们的家庭照片。他们提供的影像让访谈更加个性化。

这是介于演讲与采访之间的一种很好的中间形式，能使被采访者真正思考他们应该怎样阐述一个重要的思想，而且减少了漫谈闲聊或场面僵滞的风险。我在这里可以想象许多种创新的模式，例如，受访者向采访者发表非正式的演讲（可配有幻灯片），而采访者可以在现场就任何不清楚的地方提出问题，而演讲不被打断。

6. 融入口语诗元素

20 世纪七八十年代，一种新的艺术形式——口语诗——在非裔美国人社区诞生，一时间成为流行文化。“口语诗”可以被视为一种表演性诗歌，它典型地融合了讲故事和巧妙的文字游戏。口语诗人所做的是一种对传统公共演讲的有趣延伸，他们所追求的并不是用本书介绍的方式去“解释”或“说服别人”，而是致力于用更加诗意、更加本真的语言，给人力量、感动、知识和启迪。

有许多种方式可以将口语诗与公共演讲相融合，莎拉·凯、克林特·史密斯、马尔克姆·伦敦、苏埃尔·哈马德、谢恩·科伊赞和里夫斯都在 TED 做了令人难忘的表演性演讲。不过，请不要贸然尝试，拙劣的口语诗会非常糟糕！

7. 视频诗歌

加拿大诗人汤姆·康尼维斯将视频诗歌定义为“图像与文本、声音的诗意融合”。网络视频开启了视频诗歌的试验性创造，其中融合了所有能够想象得到的元素：文本、现场画面、动画以及口语。这种形式为演讲注入了新鲜的活力。当美国前

桂冠诗人比利 · 柯林斯来到 TED 的时候，他展示了五首配有视频的诗歌。毫无疑问，动画大大促进了他本已非常优美的文字的冲击力。由于 80 个动画设计师组成的庞大团队所创造的视频背景，谢恩 · 科伊赞在 TED 的口语诗表演大放异彩。试验视频诗歌无论是作为演讲的一部分还是作为一种独立完整的艺术，都有巨大的潜力。

8. 植入背景音乐

为什么几乎所有的电影都有背景音乐？音乐可以增强人类情感，暗示具有特殊意义的某些时刻，引起戏剧化的效果，让人悲伤、渴望、激动或充满希望。那么为什么不考虑在演讲中使用背景音乐呢？

一些演讲者尝试过这种方法。当乔恩 · 龙森讲到一个被怀疑患有精神病的人受监禁的可怕故事时，在他身后的朱利安 · 特雷就创造出一种背景声音。《流行杂志》（*Pop Up Magazine*）试图将杂志内容转变成现场表演，定期地为故事配上现场弦乐四重奏或爵士三重奏，就像拉蒂夫 · 纳赛尔（他讲了一个现代止痛药发明家的精彩故事）所做的那样。

这种方式的风险在于，除了在排练时需要付出更多努力之外，很可能让人感觉这是表演，而不是实时演讲，从而拉远了演讲者与观众之间的距离。在很多时候，音乐仿佛可以控制我们的情感。

然而，这似乎是一片肥沃的试验田。一种方法是，可以带一位能根据现场听到的内容进行即兴创作的音乐家；另一种方法是，强调其表演性，清晰地向观众表明这就是这次演讲的风格。

9. 莱斯格方法

法学教授劳伦斯·莱斯格开创了一种独特的展示风格，他大量使用幻灯片。每一个句子和几乎每一个重要的单词都配有一个新的视觉元素，一个单词、一张照片、一幅插图或一个形象化的双关。例如，下面是他 2013 年 TED 演讲中一个 18 秒的片段，这里每一个“//”意味着幻灯片更换：

> 国会已经形成了另一种依赖，// 不再只是依赖人民，// 而是越来越依赖投资人。// 现在这也是一种依赖，但 // 只要 // 投资人不是人民，它 // 就不同于只对人民的依赖 // 且彼此冲突。// 这是一种腐败。//

这种方法看似不会奏效，他的幻灯片中大量的风格变化几乎打破了所有的设计原则，但在莱斯格手中，它们变得妙趣横生。他选择的字体、版面以及图片充满智慧且不失优雅，你会完全为之折服。他告诉我，他用这种方式展示的原因是，他讨厌那些当他演讲时低头看手机的人。他不想给他们哪怕是一秒钟的时间去看别的地方。

莱斯格的展示方式与众不同，有人将其命名为莱斯格方法。如果你有足够的勇气，也可以尝试模仿这种方法，但必须知道这需要花费大量的时间准备和练习。再次强调，要谨慎使用，这种方法的许多精彩之处在于细节以及适时的过渡，如果使用不当，很可能会显得笨拙不堪而令人难以忍受。

10. 双人演讲

通常来说，我们不鼓励一个人以上同时演讲，这样的演讲似乎使观众难以与之建立联系，他们不知道该看谁，或许永远都不会与其中一位深入建立联系。但也有一些例外，两个演讲者之间的互动的确会产生不同的效果。当贝弗莉·朱伯特和德雷克·朱伯特讲述他们与美洲豹和其他野生猫科动物之间的终生约定时，他们彼此之间的爱与尊重本身就感人至深。

我想这里会有许多创新的空间。在大多数双人演讲中，当一个演讲者不说话的时候，他只是立定或看着同伴，其实还有许多其他做法：

- 做手势
- 扮演
- 伴奏
- 作画
- 插话

这种方式存在很大的风险。有两个展示者，准备阶段就会变得复杂异常，两人互相配合，很容易让人感觉他们的展示及转折都是设计好的。我并不推荐尝试这种方式，除非你非常自信，而且有一个与你十分默契的人进行尝试。但我的确相信存在许多可能性。

11. 辩论新模式

如果两个人同时站在舞台上，就一个问题持相反的观点，通常会更加有趣。通常，真正理解一种思想的最佳方式就是对它提出质疑。有很多辩论模式可以促成这样的展示，最好的模式之一就是牛津辩论模式。两两相对，演讲者轮流陈述，比如各自发表 7 分钟陈述，表示同意或反对一个存在争议的命题。在主持人或观众介入之后，双方都有两分钟的总结时间，之后是观众投票。（你可以在著名的 IntelligenceSquaredUS.org. 网页上观看辩论。）

但还有许许多多不同的方式，我想在这方面看到更多创新。例如，你可以尝试法庭模式，其中每位“目击者”都会受到聪明的发问者仔细盘问。我们打算在将来的 TED 大会上引进更多辩论方式。

12. 幻灯片秀

许多摄影师、画家和设计师的演讲都会采用幻灯片，并辅之以对每张幻灯片进行讲解。这种方法不错，但很容易在每张幻灯片上拖延太多时间。如果你擅长视觉创作，那么你很可能希望展示更多视觉作品，而不是文字。因此，增加幻灯片同时减少与幻灯片对应的文字就是明智的选择。

这种方式已经有过许多尝试。例如，在“设计之夜”(Pechakucha Night)，演讲模式规定要展示20张幻灯片，每张幻灯片有20秒的时间。幻灯片自动播放，演讲者必须与幻灯片保持同步。“极客大会”的疯狂演讲系列有一种类似的模式，但每张幻灯片的时间被缩减到15秒。两种方法都适用于炫酷而快节奏的大会。

这种方式仍有继续创新的空间，每张幻灯片不必分配完全相同的时间。我希望在6分钟的时间里播放100张幻灯片，其中12张是“停顿并讲解”幻灯片，每张有20秒的时间，其余则按每秒一张的速度播放，同时配以音乐，或保持沉默。

13. 现场展览

幻灯片秀方法的终极延伸就是，想象你根本不是在演讲，而是在创造让观众沉浸于你作品的终极体验。假设你是一位摄影师、画家或设计师，在世界伟大艺术画廊的主要展厅举行个人作品展，你希望那是一种什么样的体验？想象人们从一幅作品走到另一幅作品，完美的灯光，每幅作品上都配有优美的文字对作品背景进行适当的介绍。现在，为什么你不能在舞台上重新创造那种体验？

不要将你的文字视为演讲文字，而是为了激发适当的期待或启迪智慧而设计的文字，它们不一定是句子，可以是说明文字、要点提示（一些单词或词组，有助于读者理解你的内容）、诗歌。伴随这些文字的可以是沉默，是的，沉默。当你要展示一种令人难以置信的东西时，吸引注意力的最好方法就是闭上嘴巴，拿起它、展示它！

我之前提到过，运动雕塑家鲁本·马戈林在这方面做得很好。在30秒的时间里，他只说了一句话："一滴雨水在不断长大。"除此之外只有沉默，但屏幕上生动展现的是他摄人心魄的雕塑，而观众完全沉浸在他所创造的艺术当中。

摄影师弗朗斯·兰廷围绕他的作品，为观众完整展示了地球上生命的进化。在展示一幅幅精美照片的同时，播放着菲利普·格拉斯的一首乐曲，而弗朗斯轻声讲述着生命的故事。

今天的剧场有各种不同的工具——灯光、环绕音响、高清投影——而世界上最优秀的视觉艺术家常常不利用它们，这简直是个悲剧。他们认为自己就是来"演讲"的，却不曾想过如何使观众沉浸在他们的作品当中。我希望将来能够多一些展示，少一些陈述。

14. 惊喜现身

当讲完关于某人的精彩故事之后，当场请那个人登上舞台会有意想不到的冲击力。

在 2014 年 TED 大会上，麻省理工学院教授休 · 赫尔讲到他为阿德里安妮 · 哈斯利特 – 戴维斯制造了一条新的仿生腿。她是一位交际舞演员，在 2013 年波士顿马拉松爆炸案中受伤。然后，让观众惊讶不已的是，他邀请阿德里安妮本人上台做首次戴着新腿的公开舞蹈表演。

TEDx 拉普拉塔大会上克里斯蒂娜 · 多梅内克关于狱中诗歌的演讲，由于一名被临时释放的犯人布马丁 · 斯塔曼特的现场朗诵而充满感染力。

当一位特别的嘉宾的确有助于演讲时，这种方法非常有效，如果没有，那只要点出他或她正在观看演讲即可。如果一个人被拉到舞台上只是为了打声招呼，这会让人感觉有点尴尬。

15. 虚拟展示者

科技的发展使得演讲者可以以崭新的方式登上舞台。2015 年 6 月，成功教练托尼 · 罗宾斯出现在澳大利亚墨尔本的商务大会上，只是他由于不想一路奔波远赴澳大利亚，所以通过 3D 全息图现身会场。组织者声称他的视频跟他本人一样富有魅力。

2014 年，当我们邀请揭发者爱德华 · 斯诺登来到 TED 时，存在一个问题，他暂居莫斯科，由于害怕被捕所以不能来到温哥华。不过，我们用一个名为“BeamPro”的远程机器人与他进行连接。的确，这种形式增加了演讲的戏剧性。在休息期间，机器斯诺登在走廊里漫步，并允许与会者与他聊天并拍照（创造了一种推特热点——与斯诺登拍自拍照）。

当然，这两种形式都受益于其新颖性，但技术在不断改进。TED 大会成功的一大惊喜就是，视频上的演讲嘉宾几乎与现场的演讲嘉宾具有同样的魅力。因此，我们有充分的理由相信全息图或远程机器人能给演讲带来惊人的影响力。

其中蕴藏着无限的可能性。比如 2013 年，当作曲家埃里克·惠特克在 TED 大会上展示一首歌曲的时候，不仅舞台上的合唱团在演唱，还有来自 30 个不同国家的音乐家们一起实时演唱，这完全归功于 Skype 的连接技术。他们出现在屏幕上一起歌唱的情景令人动容。差异化将我们的世界撕裂，而简单的网络连接、来自心灵深处的音乐以及愿意伸出双手的人们却让我们相聚在一起。我看到许多观众都泪湿双颊。

我认为我们有望看到更多这样的尝试，使人们以一种崭新的方式相聚在一起。的确，或许很快有一天，真正的机器人就会走上舞台发表演讲。（我们正在为此而努力！）

16. 没有现场观众

终极的演讲创新或许不在于舞台上会发生什么，而是完全没有舞台，没有会场，没有现场观众，也没有主持人。毕竟，我们生活在一个互联网时代。由于网络，我们能在现场或者通过视频面对千千万万的人发表演讲。比起为全世界的观众演讲，任何面对会场内观众发表的演讲都会相形见绌。所以，为什么不创造一种直接为全球观众所做的演讲呢？

瑞典统计学家汉斯·罗斯林做了一系列令人难以置信的TED演讲，创下2 000万的观看量。但他最受欢迎的演讲之一并不是在舞台上做的，而是由英国广播公司在一间空仓库里拍摄的，罗斯林的标志性图像是在后期制作时加上的。

在这样一个人人都有摄像机和编辑工具的世界里，这种直接通过网络发表的演讲将会势不可当。我们的公开TED创始人（见第二十章末）试图推动这种趋势。

这样的方式不会取代人们真正聚集在一起所形成的力量——人与人之间真正的、实时的接触交流，这种古老的经验有很多优点，但视频式的演讲会很快成为试验、创新和学习的神奇场所。

我对公共演讲模式在未来几年中的发展非常期待，但我觉得有必要提个醒：上述有些创新模式可能非常有趣，但不能过度使用。人与人之间谈话的基本技巧可以追溯到成千上万年前，深深植根于我们的头脑之中，在试图进行创新的时候，我们绝不能把孩子和洗澡水一起泼出去。人类的注意力是非常脆弱的，如果你想附加太多额外的元素，或许会丢失演讲的核心思想。

因此，我们要敞开胸怀拥抱创新，有许多神奇的机会可以推进伟大的公共演讲艺术，但我们永远不要忘记，实实在在的内容要比形式更重要。毕竟，思想才是关键。

TED TALKS

第五部分　反思

第十九章
演讲的复兴：知识的相关性

我想说：无论今天公共演讲有多么重要，未来只会更加重要。

由于人们之间的连接不断增强，演讲这个人类最古老的艺术之一正在我们这个时代获得新的生命。对于下面这些人来说，学会展示自己的思想将会是一种非常必要的技能，而且相对于今天，这种技能在明天更重要。

- 想建立自信的孩子。
- 毕业后想开创一番事业的人。
- 想在工作中取得进步的人。
- 关注问题的人。
- 想获得威望的人。
- 想与世界上其他同样有激情的人建立联系的人。

- 想激发行动以产生影响的人。
- 想留下思想遗产的人。
- 任何人。

我在过去数十年的学习历程或许就是对我这一观点的最佳论证。那段时间完全改变了我对伟大演讲为什么重要的理解，也改变了我对其未来发展的理解。现在就让我带你回到 1998 年的一天，那是 2 月 18 日星期三，在加利福尼亚州蒙特雷，我第一次踏进 TED 大会的现场。

那时，我坚信演讲大会根本就是一场灾难，观众不得不忍受数小时单调乏味的展示，只为见到那些你必须会见的同行。然而，我的好朋友桑尼 · 贝茨告诉我 TED 大会有所不同，我应该去看看。

大会第一天结束后我有点茫然，只是听了许多演讲者简短的演讲，其中包括一位软件程序设计师、一位海洋生物学家、一位建筑师、一位技术企业家和一位平面设计师。他们的演讲都非常精彩，但我想找到他们与我之间的相关性。我是一个出版杂志的媒体人，这些演讲对我的工作能有什么帮助？

1984 年 TED 创建之初，理查德 ·“里奇”· 沃尔曼及其合伙创始人哈里 · 马克斯认为，在技术、娱乐和设计产业（分别指 TED 当中的 T、E、D）之间有着越来越多的融合，这是有意义的。那一年，苹果公司发布了第一台麦金塔电脑，索尼公司推出了第一张光盘。两款产品在三个产业领域中都有着深厚的根基。假如这三个领域相互融合，还会产生多少可能性呢？想到这些，我就兴奋不已。或许技术专家通过聆听以人为本的设计师以及创意性演艺人员的思想，能使他们的产品更加吸引人？而建筑师、设计师和娱乐产业的引领者能通过了解技术领域的新发展而获得更多灵感。

这一切都获得了证明。经过蹒跚起步以及创始人之间的个性冲突（之后哈里将他的 50% 股份以 1 美元卖给里奇），TED 在 20 世纪 90 年代成功了，伴随着多媒体、《连线》杂志和早期互联网的崛起。里奇在早年就已经创造了“信息建筑”一词，痴迷于把晦涩的知识变得通俗易懂。这一技巧有助于他促使演讲者就他们的思想找到最有趣的角度，帮助他们领域之外的人喜欢并从中受到启发。而且，他还有另一种个性特征，这也被间接证明是 TED 成功的核心要素：不耐烦。

里奇讨厌冗长的演讲。随着 TED 的发展，他给演讲者的规定时间越来越短，如果人们继续发表太长的演讲，他会直接走上舞台终止他们的演讲。他还禁止观众提问，理由是，与听一位观众以提问为幌子来推销自己的产品（促进自己的业务）相比而言，增加一位演讲者会更加有趣。对一些人来说，这或许真的令人恼火，但对观众体验来说，这是意外之喜，它有助于加快进程，使观众能够忍受偶尔的无聊演讲，因为你知道它会很快结束。

在 TED 的第二天，我开始真正欣赏这种简短演讲模式。即使那时我仍然不知道它与我以及我的工作有什么相关性，但我的确听到了许多主题，女孩们的视频游戏、椅子设计、在 3D 空间探索信息的新方法等。了解到世界上竟然有这么多不同类型的专家，真令人兴奋。某种东西开始在我的心里发芽。一个领域的演讲者所做的评论，会与另一个完全不同领域的演讲者在前一天所讲的某种东西产生共鸣。我不知道自己该做什么，但我开始变得兴奋。

大多数大会服务于单个产业或知识领域。在那里，人们有共同语言，给演讲者时间真正深入主题并介绍一些具体的新知识是有意义的。但当内容和观众范围广泛，演讲者的目标不是极尽所能地展示一个具体主题，而是使其他人了解其工作，表明这项工作为什么有趣，为什么重要。这通常在不到 20 分钟的时间里就能做到。这样很好，因为对领域之外的人来说，那或许是他们愿意给你的所有时间。作为听众，我们或许愿意拿出 45 分钟或 1 个小时学习大学课程或者与某个我们领域内的人交流，但要给我们工作生活之外的人那么长的时间则不可能，因为一天没有太多的时间。

第三天，某种奇怪的事情发生了。我的大脑在演讲的不断刺激下开始电闪雷鸣般爆发。每一次有演讲者起身演讲，我感觉就像亲临一场新的智慧风暴。来自一个演讲者的思想会以一种令人惊异的方式与他人在两天前分享的思想建立联系。

然后艾梅·穆林斯出场了。

艾梅1岁的时候就被截去双腿，但这并没有妨碍她过充实的生活。她坐在舞台上，诉说她如何在三年前，作为一名大一新生，作为短跑运动员参加了第一次比赛，如何在一对设计漂亮的短跑运动员的假肢帮助下，顺利通过了美国残奥会代表队的选拔。然后她漫不经心地取下假肢，并展示她如何轻松地用适于其他场合的假肢来替换它们。

当艾梅讲述她令人惊讶的成功和使人尴尬的失败时，我坐在剧场后面，竟泪流满面。她是如此充满活力，如此充满可能性。她似乎象征着我在那个星期一次又一次感受到的某种东西，拥有未来是可能的，不管生活给了你什么，你都会找到一种方式去改变它，同时也改变他人。

当我不得不离开大会时，我懂得了为什么TED对人们有着深远的意义。TED演讲令人震撼，我感受到了很长时间里未曾感受到的更多可能性，这种感觉让人踏实。

两年后，当我听说里奇·沃尔曼正在转让大会时，我开始产生想要接管它的念头，因为我的整个创业生涯就是追随激情，不是追随我的激情，而是追随别人的激情。如果我看到某种人们真的深深为之倾心的东西，那就暗示其中存在机遇。“激情”是“潜力”的代名词，所以我创办了许多杂志，涉及多个领域，从计算机、山地自行车运动到十字绣。那些话题或许对大多数人来说都非常无聊，但对目标读者来说它们是值得激情追求的金子。

我在 TED 看到并体验到的激情是前所未有的，那些用生命创造伟大成就的人们告诉我，这是一年当中他们最喜欢的一周，因此即使这只是一个微不足道的一年一度的会议，那种激情也可能给人收获。

另一方面，那是一个我要亲力亲为的新职业，而且里奇·沃尔曼个性比我突出得多，我要取代他的位置，如果失败了怎么办？被公开羞辱会非常痛苦。我咨询了朋友，彻夜难眠，试图想象每一种可能性，但仍然无法下定决心。

最终说服我放手去做的，不管你信不信，是当时我恰好在读的一本书中的一段话，那本书是戴维·多伊奇的《现实的结构》(*The Fabric of Reality*)。在这本书里，作者问了一个发人深思的问题：知识真的一定要变得越来越专业吗？我们获得成功的唯一方式就是对越来越少的领域知道得越来越多吗？每个领域的专业化——医学、科学、艺术——似乎暗示着这种趋势。但多伊奇令人信服地指出，我们必须区分“知识”与“理解”。是的，具体领域的知识会不可避免地变得专业化。但“理解”呢？不，“理解”不需要专业化。

多伊奇说，为了理解某种东西，我们必须逆向而行，必须追求知识的统一。他举了许多例子，其中旧的科学理论被整合了多个领域的知识、更深入、更宏大的理论所取代。例如，太阳位于太阳系中心的有力观点代替了行星绕着地球旋转的庞杂解释。

但更加重要的是，多伊奇指出，理解任何知识的关键是理解某种语境。在一个巨大的知识网络中，你无法真正理解其中小范围内错综复杂的节点，除非将镜头拉回去，看看全局，看看那些线是如何更广泛地相互连接的，你才能获得真正的理解。

我是在向往 TED 的时候读到这段话的，当时我豁然开朗。我明白了，这就是 TED 令人兴奋的原因，大会本身正反映了这样的现实，所有的知识都被连接成一张巨大的网。TED 的确对每个人都有所裨益，我们或许不必当时就认识到这种裨益是什么，但通过思考这些思想，我们获得了更深刻的理解。实际上，单一的思想不如多种思想结合在一起更有力——当我们吸收多种思想时会发生什么？

事实上，TED 的存在并非只依靠技术、娱乐与设计之间的协同作用，而是依靠所有知识的连接。

以这种方式设计，TED 大会将永远不会话题枯竭。有多少场合你能探索那种连接，并且要以一种任何人都能理解并获得启发的方式来探索？我想不出答案。

我乘坐飞机去拜访里奇和他的妻子格洛丽亚 · 纳吉，他们住在罗得岛州纽波特市。长话短说，2001 年底，我离开了我经营 15 年的公司，变成那个骄傲的，但有点紧张的 TED 监管人。

此后的几年中，我越来越相信知识连接的重要意义，我鼓励 TED 从最初的科技、娱乐和设计扩大到几乎所有人类创造力和智慧的领域。我并不认为这种对“知识”和“理解”设定的框架只是为了办一个更有趣的大会，我认为它是在即将来临的美丽新世界生存并发展的关键。以下是我的理由。

知识时代

我们对知识的价值和目的以及获取知识的手段等的诸多认识——包括我们整个教育体系的结构——都是工业化时代的产物。在那个时代，不论对一个公司还是一个国家来说，成功的关键就是为物质产品的生产积累大量的专业知识：地质学旨在发现并开采煤炭和石油；机械工程旨在建造操作工业化规模的机械；化学旨在有效地生产大量的物质，等等。

知识经济则完全不同。传统上由人类支配使用的专业知识正日益被计算机接管，石油的发现不再依赖于人类地质学家，只要用计算机软件对大量地质数据进行计算就能实现。今天最杰出的土木工程师不再需要人工计算一座新建筑物上的应力和应变，计算机模型就可以完成。

几乎没有什么职业不用计算机。我亲眼看到一台 IBM 沃森计算机试图诊断一位有六种症状的患者。当医生们绞尽脑汁进行大量测试以获得更多数据时，沃森在短短几秒钟里就通读了 4 000 篇最新相关研究论文，对每种症状进行概率计算，最后以 80% 的可信度得出结论，那位患者得了一种只有一位人类医生听说过的罕见疾病。

于是，人们开始感到沮丧，开始提出这样的问题：机器变得越来越聪明，能完成人类分配给它们的任何专业性任务，在这样一个世界上，还需要我们人类做什么呢？

这个问题非常重要，而问题的答案也非常简单。

人类能做什么？人类能比以往任何时候都更加人性化，在工作方式上更加人性化，对待学到的知识更加人性化，对如何分享知识更加人性化。

明天我们的伟大机遇就是崛起，超越我们使用专业知识进行重复劳动的漫长历史。不论是年复一年收割庄稼的艰苦劳动，还是在生产线上组装产品的单调工作，大部分人在大部分历史上都是通过反复做同一件事而谋生的。

我们的未来不会依然如故，而任何能被自动化或被计算的东西都不例外。现在，我们可以害怕未来；也可以拥抱未来，抓住机遇去发现一条更好的道路，从而实现生命的价值。那是一条什么样的道路？没有人知道确切的答案，但它很可能包括：

更系统的战略思想。机器将会承担单调乏味的工作，但我们需要懂得如何更好地设计机器，使它们更有效地协调运转。

更多创新。我们生活的这个互联网时代具有无限的包容性，这对于那些真正具有创新精神的人来说有着巨大的优势。

更多创造性。机械能制造我们需要的许多东西，这就使人类的创造力得到解放，不论是科技发明、设计、音乐还是艺术。

更多发挥人类独特的价值。假如人类固有的天性得以培养，人为人服务的行业将会蓬勃发展。研发机器人理发师或许是可能的，但这种服务足以取代与一位优秀的人类发型师或治疗专家的闲谈式互动吗？我表示怀疑。未来的医生或许能在辅助诊断方面请求电脑沃森的帮助，但这应该使医生有更多的时间去真正了解患者的生存环境。

如果上述任何一条被证明是真的，那我们很可能需要一种完全不同于工业化时代所要求的知识。

想象这样一个世界：你能即刻获得你需要的任何专业知识。如果你有一部智能手机，那几乎就是你生活的世界。如果今天还不是这样，那你的孩子将会是这样。我们，和他们，为了未来应该学习什么呢？

不是更多更专业化的知识，而是需要：

- 背景知识
- 创造性知识
- 对人性更深入的认识

背景知识意味着了解更广泛的背景，了解事物是如何相互联系的。

创造性知识就是通过向各种创造性人才学习而获得的技能。

对人性更深入的认识，不是来自聆听父母或朋友的教诲，也不是来自聆听心理学家、神经科学家、历史学家、进化生物学家、人类学家或精神导师的指导，而是来自聆听所有人的思想。

这样的知识并不仅仅是一些著名大学里个别教授的专属，也不是你在某家知名公司的培训课上学到的知识，而是通过整合各种资源而获得的知识。

这一事实正是推动公共演讲复兴的重要动力之一。我们正在步入一个所有人都需要花更多时间互相学习的时代，这就意味着比以往任何时候都多得多的人能对这一集体学习过程做出贡献，任何从事特殊工作或拥有特殊智慧的人都能建设性地参与其中，当然也包括你。

但如何参与？无论你是一位伟大的天体物理学家、一位天赋异禀的石匠或只是一个对生活有所感悟的人，我不需要从你身上学到你知道的一切，当然不需要，那需要数年的时间。我只要知道你所从事的工作是如何与其他事物相联系的，你能否用一种我可以理解的方式解释其要旨？你能否用非专业语言分享你的工作过程？你能否解释它为什么重要？你为什么对它如此痴迷？

如果你能做到这些，你就会开阔我的视野，而且你还可以激发我的创造力或灵感。每一个知识领域都是不同的，但它们也是相通的，而且常常会发生共鸣。这意味着你描述的工作方式可以让我获得智慧，或者启发我的思想，思想就是在这样的碰撞过程中诞生的。

因此，公共演讲复兴的第一个有力推手就是，我们正在走进的知识时代需要一种不同的知识，鼓励我们接受自己传统专业领域之外的人们的启发，从而加深对世界的认识，加深对我们所扮演的角色的认识。

但这还不是全部。

第二十章

为什么重要：人与人的互联性

公共演讲的第二个有力推手是，使我们互联的划时代的技术革新：互联网，尤其是在线视频的兴起。让我来讲述这个我们亲身经历的故事，因为在不到一年的时间里，TED 演讲的在线视频使我们成为以新方式分享知识的先驱之一。

对我们来说，一个重要的推动力就是 TED 演讲的非营利性质。我们并不常常将非营利组织视为革新的有力媒介，但在这种情况下，这种地位真的有帮助。

我还在从事杂志行业的时候，就开始投资一项非营利性基金，目的是回馈社会。正因为有这项基金我才能买下 TED，我为其服务但不领取薪酬。对我来说，去除营利目的就是释放一个清晰的信号，这使我们更容易向全世界坦诚地说："请帮我们建立一种新的方法去发现并分享思想。"毕竟，我们请与会者来参加大会，他们要花不少钱，而且我们请演讲嘉宾做演讲也不给他们报酬。如果人们知道他们是为了公益事业，而不是为了某个个人的利益，做起来就容易得多。

TED 为何应该为公益服务？在接手 TED 后的几年里，我们几位经营者经常在思考这个问题，毕竟，TED 只是一个私人大会。是的，人们在这里受到启发，但又不知如何评估那种体验。我们早期推动 TED 非营利事业的尝试是，实行 TED 伙伴计划，使那些无力支付费用的人也能来参加大会①，更多关注全球问题，设置 TED 奖以求把想法变成行动，而 TED 奖能赋予获奖者改善世界的希望，也会得到与会者的支持。

但有那么一刻，我们感觉必须找到一种方法去分享 TED 演讲的内容，其中表达的思想和分享的智慧都应该惠及更多观众。2005 年初，我找到了一位能解决这个问题的最佳人选。琼·科恩对互联网的许多重要发展谙熟于心，她是 HotWired 网站开发团队中的一位重要高管，该网站拥有世界上第一则在线广告，她还写了一本著作，主题是如何创建成功的网站。此外，她跟我同年开始参加 TED 大会，也与我同年爱上 TED，我们之间的每一场对话都富有启发性，意义非凡。

琼加入我们毫无经验的团队，着手开发一种看似合乎逻辑的广泛分享 TED 演讲内容的方式：电视转播。从前举行过的每一场 TED 大会都有视频，会有人喜欢这样一档每周播放一次的

① 在汤姆·里利的领导下，TED 伙伴计划在过去 10 年内吸引了 400 多位成员，这是一个全球精英网络，使得最近的 TED 大会充满活力。

节目吗？我们做了一个试验，琼充满激情地将其兜售给每一个愿意听的人，来自电视台的一致回应是，不感兴趣。

单纯的讲话让电视无聊至极——我们无数次地听到这样的话，他们还暗示我们或许那种无聊并不在于单纯的讲话，而是在于讲话的内容本身无聊至极。我们的努力无果而终。

但同时，世界基础设施建设取得了重要的突破。

由于互联网的快速发展，电信公司决定投资数十亿美元，用于光纤及其他宽带的升级换代，这开启了一项起初看似非常普通的技术：在线视频。2005 年，它从一个在电脑屏幕一角闪烁的新鲜玩意变成一种你能实际观看的东西。一个名为 YouTube 的另类小网站投入使用，用于播放简短的原创视频。尽管该网站看上去并不专业，但它迅速走红。

2005 年 11 月，琼提出了一个大胆的建议，让我们暂时放弃电视转播的想法，而是尝试在线播放 TED 演讲的视频。

乍听上去，这是一个疯狂的想法。除了在线视频的质量很少有人接受之外，其赢利模式也并未获得证明，冒着风险去泄露 TED 演讲的内容真的有意义吗？这难道不是人们付出巨大代价第一时间来参加大会的唯一原因吗？

但另一方面，这样做将是推动 TED 为公共利益分享思想的非营利使命的重要一步，而且我们可以控制其播放而不依赖于电视网络，这种想法令人兴奋，至少值得一试。

于是，2006 年 6 月 22 日，首批 6 场 TED 演讲在我们的网站亮相。那时，ted.com 每天大概有 1 000 位访问者，大多数只是查看关于过去及未来大会的细节。我们梦想着这些演讲的播放会使那个数字翻 5 倍，或许在一年的时间里能创造 200 万的观看量，这将是我们取得的一个巨大飞跃。

第一天我们的观看量大约为 1 万，我以为，像所有新媒体一样，在最初的兴趣衰退之后，这个数字会快速滑落。但相反的情况发生了。在仅仅三个月的时间里，我们的观看量达到 100 万，这个数字还在持续攀升。

更令人欣喜的是观众的反馈。我们一度怀疑演讲的网络视频能否产生与现场同样的影响力。毕竟，网上有太多其他可以让人分心的东西了，你怎么可能让观众仅仅通过观看小小屏幕上的视频来吸引他们的注意力？然而，反响之大让我们震惊，也让我们高兴："哇！真是不可思议！""太酷了，真是鼓舞人心。""这是我看过的关于一个复杂图形的最精彩的演讲。""让我泪流满面……"

人们在演讲大会上体验到的那种激情仿佛突然间被释放出来。这只能意味着一件事，那就是我们放到网上的 TED 演讲数量不得不增加，从而覆盖所有的精彩演讲。2007 年 3 月，我们再一次在网站上播放了 100 场演讲。自此以后，TED 不再只是致力于"值得传播的思想"的媒体公司举办的一年一度的大会。

那么，我们曾经认为由于泄露演讲内容而有损于大会的担忧呢？事实上，结果恰恰相反。我们的与会者惊讶地发现，他们现在能够与朋友、同事共同分享伟大的演讲，并且随着"TED"这个词的传播，想要参加大会的人数也在不断增加。

8 年之后，对于 TED 演讲的关注在全世界迅速蔓延。令我们惊讶并高兴的是，它已经变成了一个发现并传播思想的全球性平台[①]，这要感谢所有的演讲嘉宾，感谢所有的翻译志愿者，感谢所有的地方大会主办方。截至 2015 年底，TED 演讲大约每月拥有 1 亿的观看量——每年有 12 亿。当然，除了 TED 演讲，还有许多其他机构也在以视频形式传播思想，对于网络教育的热情也瞬间爆棚。可汗学院、麻省理工学院、斯坦福大学以及许许多多其他机构，都在为世界上所有的人免费提供难以置信的资源共享。

当你冷静思考其意义时，的确令人震惊。首先从演讲者的角度来看，有史以来，许多热爱思想的人需要花费数年的时间才能走遍一个国家或一个洲，试图激发观众的兴趣。可事实上，任何一个希望在这方面做到极致的人，或许一年只能讲 100 场，每场大约平均 500 位观众。这样你在一年当中或许只能面对 5 万人演讲，这还需要周密的计划和有力的宣传机器。同样，大

① 这个平台包括实体大会（一年一度的温哥华 TED 大会以及 TED 全球、TED 女性、公司大会系列、各种沙龙），自发组织的全球 TEDx 大会活动，以及无数的网络通道（不仅有我们自己的 TED.com，还有 YouTube、iTunes、NPR（美国国家公共电台）上的《TED 广播》、手机软件以及与许多其他机构的广泛合作形式）。还有一个名为 TED-Ed 的专门针对学生的方案、一年一度的 TED 奖以及 TED 伙伴计划。

多数想要传播严肃思想的作家，如果他们的著作能卖出 5 万册，就是一个巨大的成功。

然而，互联网让你可以在短短一天的时间里就面对同样数量的观众，而超过 1 000 位演讲者仅凭一场演讲就赢得了 100 多万观众。这意味着在影响力方面已经实现转折性的跳跃，许多演讲者已经证明了网络视频对他们的演讲产生的影响力。

但从观者的角度来看，其意义甚至更加深远。历史上几乎每一个人，不论出生于何时何地，他们的潜力受制于一个简单的事实，即他们几乎无法控制他们将遇到哪些老师，这些老师水平如何。如果一个有着爱因斯坦大脑的男孩出生在中世纪的德国，就不会有他的科学革命。如果一个有着玛丽 · 居里聪明才智的女孩 20 年前出生在印度的一个偏远山村，那今天她或许正在收割水稻，努力抚养孩子。

但如今，也是有史以来第一次，地球上的任何一个拥有网络的人都能把世界上最伟大的老师和启发灵感的智者请到家里。这种潜力是无限的。

我们不应该将其视为一个演讲者向观众分享思想的单向过程。在线视频最深刻的意义在于，它创造了一个互动生态体系，在这里所有人都能互相学习。实际上，或许你会感到吃惊，我是从那样一些人身上获得了这种思想，他们是 LXD（非凡舞团）的明星团员曼德 · 查德、杰伊 · 斯莫、基德 · 戴维和李尔 · “C”。2010 年，他们在 TED 大会上的表演震撼全场，甚至更让我惊讶的是，他们的许多舞蹈技巧都是通过观看 YouTube 学到的！

作为他们的导演，朱浩伟说：

> 舞者们为舞蹈创造了一个在线全球实验室，在这里，日本的孩子们通过观看在底特律制作的 YouTube 视频学习舞步，经过几天时间的排练，他们播放了一段新的视频。而在加利福尼亚的孩子们通过观看日本的视频进行学习，并将其与费城的视频进行融合，创造出一个全新的舞蹈模式。这样的事情每天都在发生，在这些卧室、起居室和车库当中，借助廉价的网络摄像机，诞生了未来的世界著名舞蹈家。

YouTube 引发了一场舞蹈创新的全球竞争，使这种艺术形式快速发展。朱浩伟意识到了这一点，于是将 YouTube 作为他招收新的舞蹈天才的主要来源。LXD 非常优秀，他们当年被选中在奥斯卡颁奖典礼上进行表演。

在聆听朱浩伟的讲话并观看 LXD 表演的时候，我意识到同样的事情正在公共演讲领域内发生。演讲者们通过观看在线演讲彼此学习，吸收其中的优点，同时加入他们自己独特的元素。

事实上，你可以看到同样的事情正发生在任何一种能通过网络得以分享的技术领域，从蛋糕制作到杂耍表演。在线视频提供了人们以前从来都不可能如此便捷地获得的两种东西：

- 看到世界上最优秀的人才。
- 获得巨大的动力，完善已有的事物。

这种动力不过是成为 YouTube 明星的一种渴望。人们渴望别人观看自己的视频，给视频点赞和评论，而这种渴望可以促使一个人辛勤地工作数小时甚至数星期，去完善他们将被录制并上传到网上的技巧。如果你抽点时间上 YouTube 看看，就会发现那里有无数的小小社区，从独轮车到跑酷到视频诗歌到《我的世界》（*Minecraft*）等不一而足，人们互相学习去做一些非常有趣的事情。

我把这种现象称为“大众加速创新”（crowd accelerated innovation）。到目前为止，它最有趣的应用是在思想领域。

在历史上，大多数在观众面前所做的演讲，除了现场观众之外，其他人都无法看到。今天，人们可以上网观看成千上万不同的演讲者所做的演讲，演讲几乎涵盖所有你能想到的主题，可以通过查看观看量、评论等来判断演讲的优劣，从而筛选出你最想看的演讲。

如此一来，我们突然之间拥有了一个可任意使用的实验室，还能促使千千万万的人加入这个实验室。如果你最多是为一些同行或在当地一家俱乐部进行演讲，那么你或许不会有多大的动力去认真准备，但如果你的演讲可以被录制并上传至网络，那就不一样了。你有无数潜在的观众，那现在你愿意投入多少时间去准备呢?

这是螺旋上升式学习、创新、分享和再学习的完美方式，也是我相信今天的演讲复兴才刚刚起步的原因。在 TED，我们尝试以三种主要方式（除了在我们的网站上分享 TED 演讲之外）实现演讲复兴。

1. 你身边的 TEDx 大会

2009 年，我们开始为那些想在自己所在的城镇或城市组织类似 TED 大会的人们提供免费许可证，我们使用了 TEDx 标志，其中 x 意味着它是独立组织的大会，也代表这一项目的乘数效应。让我们感到高兴的是，每年在 150 多个国家举办 2 500 多场 TEDx 大会，有 6 万多场 TEDx 演讲被上传至 YouTube，越来越多的演讲迅速传播。如果你认为你在工作当中无法做你想做的演讲，那可以考虑联系你当地的 TEDx 主办方，或许在你居住的地方会有完美的舞台在等着你。[①]

2. 儿童展示技艺项目

我们免费为学校提供了一个项目，叫作 TED-Ed 俱乐部，在这里任何一位老师都可以为一群孩子提供发表 TED 演讲的机会。项目为期 13 周，每周一次，就选择主题、设计演讲以及准

① 你可以在 http://ted.com/tedx 搜索你附近的大会或者申请举办你自己的大会。

备和发表演讲的技巧等方面给予辅导与鼓励。看到那些克服重重困难最终发表演讲的孩子们不断提升的自信和自尊，真是令人振奋。我们认为展示技艺应该成为每一所学校课程中的核心部分，与阅读和数学同样重要。在未来几十年当中，这将会成为一项重要的生活技能。[①]

3. 上传 TED 演讲

我们有一个名为“公开 TED”的项目，任何人都可以把他们自己的类似演讲上传至我们网站的一个专区。我们尤其鼓励创新，不仅包括内容创新，而且包括演讲方式创新。我们相信有人会突然想到一种分享思想的绝佳方式，或许那个人就是你。[②]

在未来的 10 年当中，上网人数还会增加几十亿，我们期待能与他们取得联系，使他们有机会向那些能激励他们追求更好生活的伟大老师学习，同时也让他们跟我们分享他们独特的智慧与思想。未来 30 年，世界人口将增长至 100 亿，这个前景令人生畏。但假如你相信这不仅会带来更多消费，而且会带来更多智慧，这样想就不再那么可怕了。

每个人都可以参与到公共演讲的革命中来。如果我们能找到一种方法去真正地互相聆听，互相学习，未来将充满希望。

---

① TED-Ed 俱乐部课程参见 http://ted.com。

② 如何上传演讲的细节参见 http://open.ted.com。

第二十一章
你的时机已到：哲学家的秘密

我的父亲是一位眼科医生，他终生致力于在巴基斯坦、阿富汗和索马里治疗眼盲，同时也在传播基督教福音。庆幸的是，他从来都没见过我最早邀请来到 TED 舞台的一位演讲嘉宾，他就是哲学家丹·丹尼特，一位自称的无神论者。他们或许在很多方面都会意见相左，除了在一件事情上。

在关于模因的力量的精彩演讲进行到一半的时候，丹尼特说："幸福的秘密在于，找到一种比你自己更重要的事情，并将生命奉献给它。"

对于这个观点我父亲会非常同意。

丹尼特极力倡导思想的力量，他强调一个关于人类的惊人事实，这个事实独属于我们人类：我们有时候愿意让我们的生物需求屈从于对重要思想的追求。对丹尼特以及对我父亲和我而言，这种追求是获得有意义的幸福生活的关键。

我们是奇怪的生物，我们是人类。在一个层面上，我们需要的只是吃、喝、玩，获得更多物质享受，但这种追求享乐的生活最终不会幸福，一个很好的补救办法就是开始寻找比你自己更为重要的思想。

现在，就你而言，我当然不知道那个思想是什么。或许，眼下你也不知道它是什么。

你或许想讲一讲你们镇上的一个秘密社团，或许想对某个勇气可嘉的家庭成员进行一些历史性的研究，或许想在你所在的社区组织清扫日活动，或许想探索海洋科学，或许想成为一个积极的党派分子，或许想发明一项新技术，或许想到一个地方旅游——而在那里人们的需求要超乎你的想象——或许只是想分享你遇见的人们的经验和智慧。

不论你追求的是什么，如果你真的在追求，我可以断言两件事情：

- 是的，你会找到一种有意义的幸福生活。
- 你会发现某种东西，它比你在这本书当中所读到的任何一条建议都重要得多：你会发现某种值得一讲的东西。

然后呢？嗯，然后，当然，你必须分享它，倾注你全部的激情、技巧和信念，只有你才知道如何分享它。请点燃火焰，让新的智慧广泛传播。

汤姆·查特菲尔德是一位科技评论员，他在我们的一次大会上发表过演讲。我的同事布鲁诺·吉萨尼曾请他给其他演讲者一些建议，他是这样说的：

> 演讲的神奇之处，对我来说，是其潜在的影响力。你要做的简短演讲，或许不仅能让千千万万的人听到，而且能引发无数对话。因此，我要提出的核心建议就是，一定要迫使自己大胆、勇敢地走出来，走出你非常熟悉的或者别人已经讲过的安全地带，给这个世界提供一些值得引发上千场对话的问题和启示。这与其说关乎正确或者安全——对我来说似乎如此——不如说关乎一个难得的机会去创造某种会孕育出更多思想的思想。

我非常欣赏这段话。我希望在未来，人们能意识到自己推动世界发展的潜力。我认为传播有价值的思想是一个个体所能做到的最有影响力的事情，因为在互联网时代，思想的种子一旦被播撒，就能生根发芽，影响无数人，无论是现在还是未来。

但那些想要将世界推向错误方向的人呢？公共演讲能用来做好事，是不是同样能用来做坏事呢？

当然能。从蛊惑民心的政客到腐蚀心灵的讽世者，历来有许多这样的惨痛教训。

然而，我并不认为其中存在绝对的均衡，我们有充分的理由相信演讲的快速发展将倾向于积极的一面。

我们知道，为了做一场有效的演讲，演讲者必须到一个有听众的地方，说：“来吧，让我们一起构建一种思想。”演讲者必须解释为什么这个思想值得构建，其中存在美好的期待以及对共同的价值、欲望、希望和梦想的诉求。

在某些情况下，公共演讲会被可怕地滥用，煽动大众，点燃仇恨，让虚假的世界观遮蔽人们的眼睛。但历来这种情况总是（至少在某种程度）发生在听众与外界隔绝的时候。这时，演讲者的诉求并不是普遍的，而是狭隘的，信息是不对称的，而且演讲者向听众隐瞒了重要的事实。

当我们更加紧密地连接在一起的时候——当人们能够看到整个世界，看到彼此的时候——不一样的事情开始发生。于是，那些最具有影响力的演讲者将是那些拥有普适价值和梦想的人，他们的观点与思想建立在事实的基础之上，而对于这样的事实，许多人——不只是少数人——都能分辨出来。

想象有两位想要影响世界的宗教演讲者，其中一位认为他的宗教优越于其他宗教，并迫使大众改变信仰。而另一位意识到，他的宗教最核心的价值，即慈悲，也是其他宗教共有的，于是，他决心就讲慈悲。他尝试用一般的语言进行演讲，那些来自其他宗教的人们会受到感染，并产生共鸣。在这两位宗教演讲者当中，谁会有更多潜在的支持者和持久的影响力呢？

或者想象两位世界政治领袖，其中一位只关心一个民族的利益，而另一位则关心整个人类，哪一位会最终获得更多支持呢？如果人类抱着排外、狭隘、种族主义的思想，那么当然第二位政治家会毫无前途可言，但我不相信会发生这样的事情。我相信我们的共同之处远比我们的不同之处更有意义、更有价值。所有人都有欲望、渴望、痛苦，都会笑，都会哭，也会爱，我们都会流血，都会做梦，我们都有同情心，能站在别人的立场上看问题。具有远见卓识的领袖——或者任何一个有勇气站出来发言的人——或许会捕捉到这种共同的人性，并试图培养它。

我之前曾经讲过长远意义上的理性的力量。理性，就其本质而言，并非倾向于从个体的视角看世界，而是从所有人的视角看世界。理性会反对这样的观点，“我想这样，因为这样对我有利”，而支持这样的观点，“这就是为什么我们所有人都应该希望这样”。如果理性不是这样的，那它永远都不会变成使人类结盟的讨论中广为接受的观点。当我们说“理智点”，我们是认真的。我们是在说：“请从一个更广阔的视野来看待这个问题。”

理性的力量，结合世界上日益加强的相互联系性，使影响的天平倒向那些愿意设身处地为所有人考虑的演讲者一边，而不是倒向仅仅为自己民族考虑的演讲者一边。后者或许会在短时间内获得支持，但最终获胜的还是前者。

这就是为什么我坚信马丁·路德·金精辟的断言：“道德宇宙的弧线很长，但它偏向公正。”历史之箭是存在的，道德进步也是存在的。如果我们稍稍把镜头拉回到过去，远离充斥当下媒体的恶行，我们就能看到过去几个世纪中人类所取得的明显进步。这样的进步当然会延续。

由于技术进步和人与人之间的理解日益加深，人与人之间的距离变得越来越近。我们发现有更多的方式可以看到彼此身上那些我们都在乎的东西，于是，人与人之间的障碍消失了，心与心开始相通。

这种变化不会很快发生，也不会轻易发生。这种变化需要数代人的努力。在这个过程中，有许多可以想象的灾难，它们或许会使这种努力偏离轨道，但至少我们曾经努力过。

交谈是这种变化发生的关键。只要我们有机会看到彼此的脆弱、真诚和激情，我们就能息息相通。今天，我们就有这样的机会。

最后我要说，这非常简单。我们从未像现在这样紧密相连，这就意味着分享彼此的美好思想，比以往任何时候都更加重要。通过聆听 TED 演讲，我从中获得的最大教益是：未来要靠所有人共同书写。

这里有一页打开的书，有一个空旷的舞台，等待你的到来。

致谢 | TED TALKS

本书中提供的思想要归功于许多人。

我和我的同事在 TED 共事了很长时间，尤其是凯莉·施特策尔、布鲁诺·吉萨尼和汤姆·里利，我们一起努力理解伟大的 TED 演讲的精髓所在。这本书不仅属于我个人，而且属于他们。

我们邀请了世界上许多最优秀的思想家和演讲家，我们贪婪地挖掘他们的智慧，探寻思想的意义，探寻将思想转变成美丽文字的方方面面。特别要提到的是史蒂文·平克、戴维·多伊奇、肯·罗宾逊爵士、埃米·卡迪、伊丽莎白·吉尔伯特、丹·帕洛塔、丹尼尔·卡尼曼、布赖恩·史蒂文森、丹·吉尔伯特、劳伦斯·莱斯格、阿曼达·帕尔默、帕梅拉·梅尔、布勒内·布朗、艾伦·亚当斯、苏珊·凯恩、史蒂文·约翰逊、马特·雷德利、克莱·舍基、丹尼尔·丹尼特、玛丽·罗奇、罗里·萨瑟兰、萨拉·凯、里夫斯、萨尔曼·汗和巴里·施瓦茨。

实际上，我们从出现在 TED 舞台上的所有演讲者的演讲中学到了很多，感谢他们给我们所有人的馈赠。也要感谢我们挚爱的三位演讲指导老师：吉娜·巴内特、阿比盖尔·特南鲍姆和迈克尔·韦茨。

TED 社区的许多成员在过去 15 年时间里给予我们大力支持，帮助我们策划 TED 未来的发展。斯科特·库克、桑尼·贝茨、胡安·恩里克斯、吉·珀尔曼、蒂姆·布朗、斯图尔特·布兰德、丹尼·希尔斯、辛迪·斯蒂弗斯、罗布·里德、阿奇·梅雷迪思、史蒂芬·彼得拉内特……你们太棒了！还要感谢太多的其他人。

还有一些人百忙之中抽时间读了这本书的初稿，并提出了宝贵的意见，他们是海伦·沃尔特斯、米歇尔·昆特、纳迪娅·古德曼、凯特·托戈尼克·梅、埃米莉·麦克马纳斯、贝丝·诺沃格拉茨、吉恩·哈尼、格里·加布斯基、里默·杰弗利、凯洛·库布、朱丽叶·布莱克、布鲁诺·鲍登、拉伊·巴克罗夫特、詹姆斯·华金、戈登·加布以及艾琳·麦基恩。

衷心地感谢我最杰出的代理人约翰·布罗克曼，感谢我的优秀编辑里克·沃尔夫（他提出删掉“优秀”一词，即使他比其他大部分人都优秀，但被我否决了），感谢孜孜不倦的文字编辑莉萨·萨克斯·沃霍尔以及霍顿·米夫林·哈考特集团的所有成员，与你们共事是我的荣幸。

感谢理查德·索尔·沃尔曼，如果没有你，所有这一切都不会发生。琼·科恩，谢谢你在 TED 的 11 年，谢谢你最早将 TED 演讲推上网络空间。迈克·菲米亚和埃米莉·皮金，谢谢你们的设计指导。感谢 TED 的所有员工，你们太棒了，真的太棒了。你们所做的一切令我惊异，尤其是苏珊·齐默尔曼！

感谢我们的翻译志愿者团队，感谢你们将 TED 演讲带给全世界。感谢千千万万的 TEDx 志愿者们，我为你们在组织每一场大会时所倾注的激情和智慧而感到震惊。感谢全世界的 TED 社区……最终，这一切都有你们的功劳。如果没有你们，那些伟大的思想就无法传播。

感谢我优秀的女儿伊丽莎白和安娜，你们不知道我多为你们骄傲，也不知道我从你们身上学到了多少。最后，我要感谢与我相扶相伴的爱妻杰奎琳·诺沃格拉茨……谢谢你，万分感谢你，感谢一直以来你给我的爱和灵感。

本书引用的 TED 演讲

以下内容可参见 www.ted.com/tedtalksbook/playlist。

莫妮卡 · 莱温斯基（Monica Lewinsky）

《耻辱的代价》（The price of shame）

克里斯 · 安德森（Chris Anderson）

《我的 TED 愿景》（TED’s nonprofit transition）

索菲 · 斯科特（Sophie Scott）

《我们为什么会笑？》（Why we laugh）

罗宾 · 墨菲（Robin Murphy）

《参与灾难救援的机器人》(These robots come to the rescue after a disaster)

凯莉 · 麦戈尼格尔 (Kelly McGonigal)
《如何让压力成为朋友？》(How to make stress your friend)

布勒内 · 布朗 (Brené Brown)
《脆弱的力量》(The power of vulnerability)

舍温 · 努兰 (Sherwin Nuland)
《电击疗法如何改变了我》(How electroshock therapy changed me)

肯 · 罗宾逊 (Ken Robinson)
《学校扼杀了创造力吗？》(Do schools kill creativity?)

丹 · 平克 (Dan Pink)
《出人意料的工作动机》(The puzzle of motivation)

埃内斯托 · 西罗利 (Ernesto Sirolli)
《想要帮助别人？闭嘴，听人家说！》(Want to help someone? Shut up and listen!)

埃莉诺 · 朗登（Eleanor Longden）

《内心的喧哗》（The voices in my head）

本 · 桑德斯（Ben Saunders）

《往返南极点：我生命中最艰难的 105 天》（To the South Pole and back —the hardest 105 days of my life）

安德鲁 · 所罗门（Andrew Solomon）

《命中最惨痛的时刻如何造就我们》（How the worst moments in our lives make us who we are）

丹 · 吉尔伯特（Dan Gilbert）

《快乐背后的科学真相》（The surprising science of happiness）

德博拉 · 戈登（Deborah Gordon）

《研究蚂蚁》（The emergent genius of ant colonies）

桑德拉 · 阿莫特（Sandra Aamodt）

《为什么节食减不了肥？》（Why dieting doesn't usually work）

汉斯·罗斯林（Hans Rosling）

《改变你世界观的数据统计》（Let my dataset change your mindset）

戴维·多伊奇（David Deutsch）

《科学解释之新探》（A new way to explain explanation）

南希·肯维舍（Nancy Kanwisher）

《人类心理的神经元描绘》（A neural portrait of the human Mind）

斯蒂芬·约翰逊（Steven Johnson）

《好想法从哪来？》（Where good ideas come from）

戴维·克里斯汀（David Christian）

《18 分钟人类史》（The history of our world in 18 minutes）

邦尼·巴斯勒（Bonnie Bassler）

《细菌是怎么交流的？》（How bacteria "talk"）

史蒂芬·平克（Steven Pinker）

《为何说暴力正变得越来越少？》（The surprising decline in

violence）

伊丽莎白·吉尔伯特（Elizabeth Gilbert）

《谈呵护创造力及减轻创作压力》（Your elusive creative genius）

巴里·施瓦茨（Barry Schwartz）

《选择的困惑》（The paradox of choice）

丹·帕洛塔（Dan Pallotta）

《我们对慈善的理解大错特错》（The way we think about charity is dead wrong）

戴维·加洛（David Gallo）

《谈深海中的生命》（Life in the deep oceans）

杰夫·汉（Jeff Han）

《革命性的触屏技术》（The radical promise of the multitouch interface）

马库斯·菲舍尔（Markus Fischer）

《像鸟儿一样飞翔的机器人》（A robot that flies like a bird）

梅苏 · 扎伊德（Maysoon Zayid）

《我有 99 个麻烦……脑瘫只是其中之一》（I got 99 problems... palsy is just one）

杰米 · 奥利弗（Jamie Oliver）

《教会孩子如何饮食》（Teach every child about food）

扎克 · 易卜拉辛（Zak Ebrahim）

《我的父亲是恐怖分子，但我选择了和平》（I am the son of a terrorist. Here’s how I chose peace）

艾丽斯 · 戈夫曼（Alice Goffman）

《美国少年的双面人生》（How we’re priming some kids for college — and others for prison）

埃德 · 杨（Ed Yong）

《寄生虫的逆袭》（Zombie roaches and other parasite tales）

迈克尔 · 桑德尔（Michael Sandel）

《为什么我们不能把公民生活托付给市场》（Why we shouldn’t trust markets with our civic life）

V · S · 拉马钱德兰（V. S.Ramachandran）

《了解大脑的 3 个线索》（3 clues to understanding your brain）

扬纳 · 莱文（Janna Levin）

《宇宙的声音》（The sound the universe makes）

亚历克莎 · 米德（Alexa Meade）

《你的身体即我的画布》（Your body is my canvas）

埃洛拉 · 哈代（Elora Hardy）

《神奇的竹房子》（Magical houses, made of bamboo）

戴维 · 伊格尔曼（David Eagleman）

《我们能创造人类新感官？》（Can we create new senses for humans?）

埃米 · 卡迪（Amy Cuddy）

《肢体语言塑造你自己》（Your body language shapes who you are）

乔恩·龙森（Jon Ronson）

《网络暴力的失控》（When online shaming spirals out of control）

比尔·斯通（Bill Stone）

《从洞穴到月球》（I'm going to the moon. Who's with me?）

黛安娜·奈德（Diana Nyad）

《永不放弃》（Never, ever give up）

丽塔·皮尔逊（Rita Pierson）

《每个孩子都需要一个冠军》（Every kid needs a champion）

埃丝特·佩瑞尔（Esther Perel）

《重新认识出轨行为》（Rethinking infidelity . . . a talk for anyone who has ever loved）

阿曼达·帕尔默（Amanda Palmer）

《请求的艺术》（The art of asking）

布赖恩·史蒂文森（Bryan Stevenson）

《我们需要谈谈不公》（We need to talk about an injustice）

乔治 · 蒙比奥特（George Monbiot）

《更多精彩，野化世界》（For more wonder, rewild the world）

罗曼 · 马尔斯（Roman Mars）

《为什么你从未注意的城市旗帜设计的如此糟糕》（Why city flags may be the worst-designed thing you've never noticed）

劳伦斯 · 莱斯格（Lawrence Lessig）

《一场迈向政治改革永不停息的步行》（We the People, and the Republic we must reclaim）

鲁本 · 马尔戈林（Reuben Margolin）

《用时光与木头雕成的浪》（Sculpting waves in wood and time）

非凡舞团（The LXD）

《网络时代舞蹈的发展》（In the Internet age, dance evolves...）

丹 · 丹尼特（Dan Dennett）

《谈危险的模因》（Dangerous memes）